Peter Göthner

Für die Kreuzfahrt noch zu jung

Mit Rad und Zelt und Schlafsack durch
Norwegen, Island und Zypern

Shaker Media

Bibliografische Information der Deutschen Nationalbibliothek
Die Deutsche Nationalbibliothek verzeichnet diese Publikation in der Deutschen
Nationalbibliografie; detaillierte bibliografische Daten sind im Internet über
http://dnb.d-nb.de abrufbar.

Fotos: Peter Göthner und Maria Kern

Printed in Germany.

ISBN 978-3-95631-399-8

Shaker Media GmbH • Postfach 101818 • 52018 Aachen
Telefon: 02407 / 95964 - 0 • Telefax: 02407 / 95964 - 9
Internet: www.shaker-media.de • E-Mail: info@shaker-media.de

Er kam unverhofft und voller Optimismus, der junge Mann von der Redaktion der Lokalzeitung einer kleinen Stadt an der Mulde.

Es geschah in jenem Jahr, als Elise und Hans zusammen gerade einhundertundfünfzig Jahre alt wurden und sich auf eine Radtour zu den Partnerstädten ihres Heimatortes in der Nähe des Bodensees und in Lyon vorbereiteten.

Von einem Rentnerpaar, das tausende Radkilometer in den Beinen hatte, wolle er berichten, teilte er ihnen euphorisch mit.

Natürlich sträubten sie sich.

Das machten sie immer so.

Private Erlebnisse müssen nicht an die Öffentlichkeit gezerrt werden.

Und es gibt - so dachten sie - wichtigere und auch interessantere Informationen, nach denen die Allgemeinheit zu dürsten scheint.

Doch sein Optimismus bezwang ihre Skepsis.

Und wenige Tage später flatterte ihnen ein Artikel ins Haus. Es war an einem Tag im Februar des Jahres 2010.

Nicht ganz uninteressiert studierten sie, was der junge Mann nach dem nicht übermäßig langen Gespräch so alles zusammengetragen hatte, wenngleich ihnen die dargelegten Fakten durchaus nicht unbekannt waren, insbesondere auch die nach Auffassung des Autors eigentlich bedeutsame Tatsache, dass sie nun inzwischen ein relativ fortgeschrittenes und im Hinblick auf ihre Unternehmungen bewundernswertes Alter erreicht hätten.

Er berichtete von ihrer ersten gemeinsamen Reise durch Dänemark, die nun schon fast zwanzig Jahre zurück lag, von viele Wochen anstrengender Radtouren in der Provence und an der Cote d´Azur, durch die Toskana, die Fahrt über die Alpen nach Venedig, von Reisen durch die Bretagne und über eine Radreise an der Westküste Schwedens und davon, dass sie bereits viermal mit Rad und Zelt und Schlafsack viele Wochen in Norwegen unterwegs waren und erst auf der letzten Reise bis zur malerischen Inselgruppe der Lofoten vordringen konnten.

Und auch ihr bisher jüngstes Unternehmen durch Island blieb nicht unerwähnt:

Fantastisch - wenn vielleicht auch in etwas anderem Sinn - war die Tour, als sie auf der Insel der Geysire eine Inlanddurchquerung wagten. Wo Autos oft nur mit Allradantrieb eine Chance haben, passierten sie die Schotterpiste bei Sonne, Sturm und Regen mit ihren Trekkingrädern.

Und der junge Mann beendete seinen Beitrag, indem er eine von Hans' Aussagen zitierte:

„Ich liebe meinen roten Schlafsack", sagte er und fügte lachend hinzu: „Für eine Kreuzfahrt sind wir noch zu jung".

Und auch nach Jahren möchte Hans jene Aussage nicht widerrufen.

Noch immer glaubt er, dass man selten zu alt ist für eine Reise mit Rad und Zelt und Schlafsack. Und heimlich, ganz heimlich schleichen noch immer Gedanken durch seinen Kopf von letzten, vielleicht etwas bescheideneren Fahrten mit bepackten Rädern und dem Gefühl von Ungebundenheit.

Inhalt

3.   Zypern - die Insel der Götter

Prolog

Reisebüros locken mit Frühbucherrabatten und Last-Minute-Angeboten.
Fast täglich werden schillernd bunte Werbeprospekte, auf denen verführerisch die
Sonne über traumhaft schönen Landschaften lockt, in die Briefkästen gespült.
Annoncen in Zeitungen und Werbesendungen in Funk und Fernsehen versprechen
ungetrübte Urlaubsfreuden.
Verwandte und Bekannte, Nachbarn und Kollegen stacheln ihre Mitmenschen an.
Dort musst du gewesen sein, das musst du erlebt haben.
Und nicht wenige erliegen den Verlockungen und dem Drängen.
Man muss es anderen gleich tun, man muss mitreden können, die bedeutenden Orte
unseres Planeten besucht, wenn auch nicht erlebt, haben.
Und, so wird suggeriert, gerade wenn man älter und etwas bequemer geworden ist,
wenn den Menschen die Zeit lang und die Lebenszeit kurz wird, dürfe man sich die
vielfältigen und dazu so günstigen Möglichkeiten nicht entgehen lassen, sollte man
eine "Auszeit" nehmen und der Tristesse des Alltags entfliehen.
Ein Reisebus bringt einen an das vereinbarte Ziel, man steigt aus, sieht sich um und
wird pünktlich zum vereinbarten Zeitpunkt wieder eingeladen.
Veranstalter von Traumschiffreisen machen immer größere Profite. Hunderte von
Spaßschiffen mit mehr als einem Dutzend Decks durchpflügen und verpesten
zunehmend die Weltmeere.
Sie werden immer monumentaler, diese Ozeanriesen.
Es ist das Hamsterrad des Fortschritts: Was gemacht werden kann, wird gemacht.
Eine solche Reise sollte man doch einmal genossen haben, wenigstens ein einziges
mal im Leben. Man muss sich um nichts kümmern, um nichts sorgen. Die Fahrten
sind liebevoll durchdacht und organisiert sowie zweckmäßig berechnet.
Abends und nachts wird man an Bord zum Besuch von Veranstaltungen animiert,
die man in jeder Großstadt zu einem beliebigem Zeitpunkt besuchen könnte.
Tagsüber räkelt man sich bequem in Liegestühlen oder im Whirlpool, geht in ein
Spielcasino, an eine Kletterwand oder lässt sich an einem Büfett verwöhnen.
Und irgendwann hat man sich in eine Warteschlange einzureihen, um in einen Bus
verladen zu werden, der die Passagiere zu den versprochenen Attraktionen der
angekündigten Hafenstadt karren wird.
Acht Tage östliches Mittelmeer, acht Tage westliches Mittelmeer, schon hat man
diesen Teil der Welt kennen gelernt.
So jedenfalls stellen Hans und Elise es sich vor.
Ist es wirklich so?
Oder ist es ein frommer Selbstbetrug?
Genau wussten sie es nicht.

Sie hatten solche Gelegenheiten nie genutzt.

Anfangs nicht, weil politische Schranken dies nicht zuließen.

Später nicht, weil finanzielle Überlegungen dagegen sprachen.

Als ihre Kinder das Elternhaus verlassen hatten, waren sie mit Rucksack und Zelt und Schlafsack durch Gebirge gewandert, notdürftig ausgerüstet, anspruchslos, mit offenen Augen und voller Träume.

Dann, als sie älter und die Knie instabiler wurden, hatten sie versucht, wenigstens einen Teil Europas mit dem Fahrrad zu erkunden: Die Provence und die Cote d´ Azur, die Bretagne und die Toskana, Holland und Schweden, Österreich und Dänemark, Island und Zypern und - vor allem - Norwegen.

Warum?

Weil man Strapazen liebt?

Weil man körperliche Bewegung braucht?

Weil man ein Ignorant geworden ist, was die alternativen Reisemöglichkeiten anbetrifft?

Weil man nah dran sein will an der Natur, an den Menschen?

Weil man ungebunden sein will?

Vielleicht fließen alle diese Faktoren ein.

Und warum will man in einem etwas fortgeschrittenen Alter immer wieder fort aus seiner engeren Heimat, die so vertraut und abwechslungsreich ist?

Will man eine Auszeit nehmen?

"Auszeit" - ein für sie fremder Begriff, sie hatten ihn nie so recht verstanden.

Wollten sie den Sorgen um ihr altes Haus, das mit den Jahren ein liebenswertes Gesicht bekommen hatte, um den Garten, um Kinder und Enkel, den Belastungen des Alltags zumindest für eine gewisse Zeit entfliehen?

Will man sich davon frei machen und dann frei sein von allen Bindungen?

Doch das ist schwer.

Dafür waren sie nicht geschaffen.

Es ist vor allem deshalb schwierig, weil man sich selbst mit auf die Reise nimmt.

Es genügt nicht, weg zu gehen, sich der Berührung mit Vertrautem zu entziehen.

Man müsste sich von sich selbst abkapseln.

Doch dies gelingt nur bedingt.

Sie haben es beide erfahren.

Es ging ihnen wie einem Hund, der seine Fesseln zerrissen hat und in die Fremde läuft. Ein Stück seiner Leine schleppt er immer hinter sich her.

Loslassen auf Zeit.

Man wird es immer von Neuem lernen müssen.

1. Im Land der Trolle

1.1 Träume am Kamin

Es war einer der ersten ausgesprochen schönen Vorfrühlingstage. Selbst in den Abendstunden lud die laue Luft noch zum Sitzen und Träumen am überdachten Gartenkamin ein.

Elise hatte ihr Buch aus der Hand gelegt. Sie schloss die Augen und lauschte den Vögeln, deren letztes Zirpen andeutete, dass sie sich nun in den Sträuchern und Bäumen des an ihren Garten grenzenden Parks, der den Namen Seumes trug, zur Ruhe setzen wollten.

Langsam streckte Elise ihre Beine aus. Sie spürte die wohlige Wärme, welche die glühenden Holzkloben im Kamin ausstrahlten.

Den überwiegenden Teil des Tages hatte sie im Garten jene Arbeiten ausgeführt, die sie im Hinblick auf den nahenden Frühling für nicht mehr aufschiebbar hielt. Und so wie sie es seit vielen Jahren gewöhnt war, trat dann der wohltuende

Zustand einer leichten Ermüdung ein, der mit einer angenehmen inneren Befriedigung verbunden war.

Sie liebte den Fleck Erde sehr, den sie seit vielen Jahrzehnten bewohnte, ihr kleines Haus am Hang des Muldentales und ihren großen Garten, in welchem es kaum einen Quadratmeter Boden gab, der nicht auf irgendeine Weise ihre rührigen Hände gespürt hatte.

Wie so oft hatte Hans einen ganzen Packen Bücher, Zeitschriften, Fahrpläne und Karten unter dem Arm als er das Haus verließ, um sich am Kamin niederzulassen.
„Wieder nach Norden?", erkundigte sich Elise mit einem flüchtigen Blick auf Reiseführer und Landkarten.

Hans antwortete nicht. Schweigend breitete er sein Informationsmaterial auf dem schweren Holztisch aus.
Dreimal - immer im Abstand von fünf Jahren - waren sie mit Rad und Zelt nach Norwegen aufgebrochen.
Warum nun wieder Norwegen?
Warum bereits zum vierten Male in dieses wunderschöne, ihnen so lieb gewordene Land?
Will man dort noch einmal Neues entdecken oder zumindest Vertrautes wiederfinden?
Oder glaubten sie ganz fest daran, dass diese großartige Landschaft kleinliche Sorgen erdrückt?
Auf leisen Sohlen wollten sie durch das Land reisen, genießen, staunen, erleben und in die Heimat zurück kehren, ohne Spuren hinterlassen zu haben.

Für Hans gab es noch immer heimliche Ziele in diesem weiten Land.
Weiter nach Norden müsste man fahren, dachte er, noch viel weiter nach Norden.
Und vor seinen Augen tauchten die schroffen Felsen der Lofoten auf.
Er wusste, dass Elise eine mutige, praktische, zuverlässige Begleiterin sein würde.
Seit vielen Jahren bewunderte er ihre Besonnenheit, ihre Zähigkeit und ihre Zuversicht.
Nicht selten hatte sie, seine zierliche Frau, ihm lächelnd Mut gemacht, wenn unvorhersehbare Schwierigkeiten ihn fast resignieren ließen.
Ohne sie würde er es kaum wagen.
Gemeinsam Erlebnisse genießen, gemeinsam Schwierigkeiten überwinden, gemeinsam heimkehren – anders wären frühere Reisen für ihn kaum möglich gewesen, anders sollten auch die Träume von künftigen Unternehmungen nicht verwirklicht werden.
Doch er wusste auch, dass ihre Körper müder, die Glieder steifer und die Bindungen an ihre heimatliche Scholle noch stärker geworden waren.
Und sein linkes Knie nannte er eine „tickende Zeitbombe".

„Denk daran, dass dein achtzigster Geburtstag nicht mehr in weiter Ferne liegt", lächelte Elise ihm zu, als hätte sie seine letzten Gedanken erraten.
Hans tat, als hätte er diese sicher wohlgemeinten Worte überhört.
Es war ja wohl kaum möglich, ihr in diesem Fall zu widersprechen.
Wortlos legte er noch einige Scheite Holz in den Kamin.

Warum es ihn immer wieder vor allem in dieses faszinierend schöne und gleichzeitig herbe Land zog, darauf wusste er selbst keine eindeutige Antwort zu geben.
Natürlich spielten die überwältigenden Eindrücke der Natur Norwegens eine Rolle, die schroffe Schönheit dieses Landes im Norden Europas, das Aufeinanderprallen von Felsen und Meeresarmen, doch sicher auch Berichte über die norwegischen Menschen, die nachts ihre Häuser nicht zu verschließen brauchten, die mit beeindruckender Selbstverständlichkeit jedermann das Recht einräumten, ein Zelt aufzubauen, wo immer man dies für notwendig erachtete.
Dies ist schon erstaunlich, wenn er daran dachte, dass jedes Jahr Hunderttausende von Touristen die Sehenswürdigkeiten dieses Landes überschwemmen.
Und dabei gehörten sie selbst zu ihnen.
Vielleicht hoben sie sich etwas ab von der Masse der bequemen Reisenden, die in Hotels übernachteten, mit ihren Autos Tausende von Kilometern die hervorragend ausgebauten Straßen befuhren oder sich in prächtigen Luxusschiffen durch die Fjorde transportieren ließen.
Aber – so dachte Hans – auch sie kamen aus jenem Land, welches vor mehr als sechs Jahrzehnten Norwegen überfallen, besetzt und ausgebeutet hatte.
Ob die Norweger noch daran dachten, wenn sie mit deutschen Touristen sprachen?
Vielleicht gehörten sie auch heute noch zu den Eindringlingen, den Okkupanten.
Solche Gefühle verstand und akzeptierte er wohl. Eine vorsichtige Distanz älterer Norweger gegenüber den Deutschen war sicher berechtigt.
Die jüngeren dagegen hatte Hans bisher als offen und unbeschwert kennen gelernt.
Und er dachte an den Universitätsdozenten, der - in Oslos Vigeland-Park joggend - sie angesprochen und sich nach ihren Zielen erkundigt hatte. Und wenige Wochen später – sie waren bereits auf der Heimreise – hatten sie ihn wieder getroffen und sein freudiges Erstaunen zeugte von Wohlwollen und Unbekümmertheit.
Es war, als würde ein Zauber von diesem Land ausgehen.

Alle Gegenden dieser Welt kannst du ohnehin nicht erkunden und das möchtest du ja auch nicht, sinnierte er. Also reise, wohin dich deine Träume treiben.
Und stirnrunzelnd erinnerte er sich an Menschen, die lautstark jammerten, dass sie früher, vor der großen politischen Wende, nicht das turbulente Paris besuchen, nicht den Petersdom und die Freiheitsstatue betrachten konnten und die nun unter dem Druck eines vermeintlichen Nachholbedarfs hektisch organisierte Reisen

buchten, um per Bus oder Bahn, per Flugzeug oder Traumschiff sich in alle erdenklichen Gegenden unseres Erdballes transportieren zu lassen.

Hans und Elise wollten in jener Zeit reisen, wie sie es schon immer geliebt hatten, mit viel Zuversicht, wenig Geld, dem Rucksack auf dem Rücken und nachts dem Zeltdach über dem Kopf, auf dem Kamm der Tatra, in den Schluchten des Rilagebirges, auf den Bergen des Pirin.
Es war ein „hautnahes" Reisen gewesen in überfüllten Zügen, in überbesetzten Hütten, auf steinigen Zeltplätzen, mit karger Verpflegung.
Hautnah, in unmittelbarem Kontakt zur Natur, den Wäldern und Wiesen, den Bergen und Flüssen.
Sie hatten hilfsbereite Menschen getroffen.
Manche waren über Jahrzehnte hinweg gute, wenn auch ferne Freunde geblieben.
Auch das empfand Hans als eine Bereicherung seines Lebens.
Später wollten sie den anfälliger gewordenen Knien schwere Rucksäcke nicht mehr zumuten. Sie hatten die Erfahrung gemacht, dass nach dem Wandern zu Fuß das Nutzen eines zuverlässigen Rades eine ähnlich zweckmäßige Art des Reisens war, welche Möglichkeiten bot, Landschaften und Menschen, Wind und Wetter, Düfte und Geräusche unmittelbar und unverfälscht zu erleben.

Sein Blick glitt über den Zaun hinweg in den angrenzenden Park. Von diesem Flecken Erde war Johann Gottfried Seume vor mehr als zweihundert Jahren aufgebrochen, um in vielen Monaten nach Syrakus zu „tornistern".
Hans hatte mehrfach Berichte über Seumes Reisen gelesen. Den kleinen, mutigen, einsamen Mann bewundernd hatte er sich bemüht, dessen Gedanken, seine Motive, seine Gefühle zu verstehen. Nicht immer konnte er bis zum tiefsten Grunde seiner Gedankenwelt vorstoßen.
Doch dies ist wohl auch gut so.
Ein Rest an Geheimnissen muss bleiben.

Und wieder starrte Hans auf sein Kartenmaterial.
Du hast wieder einmal große Pläne, sagte er sich, doch du solltest nicht darüber reden, ehe sie realisiert sind.

Es fiel vor allem Elise zunehmend schwerer, Haus und Garten, Bücher, Kinder und Enkel zu verlassen, vielleicht für fünf lange, entbehrungsreiche Wochen, vielleicht auch für sieben oder für neun.
Man trennt sich nicht mehr so leicht von Vertrautem, wenn man älter wird.
Doch gerade das muss man im Alter lernen, das Loslassen von Liebgewordenem, das Verlieren.

Elise war müde geworden. Hans bat sie, zu Bett zu gehen.

Er sah ihr nach, seiner Frau, die in seinen Augen mit den Jahren immer schöner und begehrenswerter wurde.

Er saß noch lange am Kamin.

Das Glas mit Rotwein war fast leer.

Wieder nach Norwegen?

Doch zu anderen Zielen drängte es ihn kaum.

Weit mehr als dreitausend Radkilometer hatten sie in diesem herben Land bereits zurückgelegt.

Vielleicht wollten sie nun auch Gegenden kennen lernen, die sie bei früheren Radreisen nicht erreicht hatten, weil das Wetter zu schlecht, der Weg zu weit, das Heimweh zu groß war.

Oder hatte es etwas damit zu tun, dass sie eine neue Bestätigung brauchten, ein Ziel, welches eine gewisse Herausforderung war, eine geistige, vor allem aber eine körperliche?

Hatte es vielleicht auch damit zu tun, dass sie das Gefühl hatten, nicht mehr gebraucht zu werden, nur wenig in einer beruflichen Tätigkeit, kaum von Kindern und Enkeln?

Vielleicht kamen viele Faktoren zusammen, ohne dass sie sich über jeden von ihnen Klarheit verschaffen wollten und konnten.

Es sollte wieder Norwegen sein.

Aber Hans wusste auch, dass Elise sich nach wärmeren Gefilden sehnte, dass sie sich noch viel zu gut an ihre Radtouren durch die sonnige Toskana oder die liebliche Provence oder auch an die Regentour auf dem Weg von München nach Wien erinnerte.

Freilich hatten sie auch dort mitunter gegen Sturm und Anstiege zu kämpfen, hatten auch in jenen Gegenden ihr Zelt bei Regenschauern aufbauen müssen.

Doch diese Radreisen waren nicht vergleichbar mit den Strapazen, die sie auf ihren Reisen durch Norwegen auf sich nehmen mussten, nicht vergleichbar mit der Kälte und der Nässe, dem Sturm und dem Schnee im mittleren Norwegen.

Und diesmal wollte er noch weiter nach Norden.

Fast eine Stunde nach Mitternacht löschte er das Feuer im Kamin.

Noch ahnte er nicht, dass sie bereits vier Wochen später in einem Zug saßen, der sie zu einer von Kiel nach Oslo fahrenden Fähre bringen sollte

13

1.2 Vorbereitungen zwischen Sorge und Vorfreude

Es war wie immer in den letzten Jahren. Anfang März kehrten sie von ihrem Winterurlaub in den Alpen zurück, den sie in jedem der zurückliegenden Jahre als ihren nunmehr letzten bezeichneten. Doch kaum waren die Alpinski im Keller für ihren Sommerschlaf präpariert worden, lockten bereits ihre Räder zu ersten Vorfrühlingsfahrten. Wie ungeduldige Rennpferde scharrten sie mit den Hufen, warfen eifersüchtige Blicke auf die in eine Ecke gedrängten Wintersportgeräte und drängten ihre „Reiter" förmlich dazu, sie im Licht und in frischer Luft zu bewegen.
Und sie, die „Reiter", ließen sich gern verführen.
So sammelten sie fleißig Woche für Woche Radkilometer. Reichlich zweitausend sollten es schon sein, ehe sie sich auf ihre große Reise begeben wollten.

Die physischen Anstrengungen auf ihren ausgedehnten Radtouren durch fremde Länder auf unbekannten Straßen fürchteten sie nicht so sehr, eher schon die Unwägbarkeiten, welche das fortschreitende Alter mit sich bringt.
Es war eben vieles nicht mehr neuwertig an ihren Körpern, die Knie nicht, die Schultern nicht, die Handgelenke nicht. Und das Schlafen auf den harten Isoliermatten machte ihren Rücken nicht selten zu schaffen.
Aber noch war alles zu ertragen.
Es ist nur eine Frage der Zeit, sagte sich Hans, dann werden wir unsere beschwerlichen Reisen nicht mehr bewältigen können.
Doch wann genau diese Zeit eintreffen würde, wusste er nicht.
Es ist ein schleichender Prozess.
Es ist immer schwierig zu entscheiden, wann man aufhören muss.
Nicht zu früh, dachte Hans, damit man vergebenen Möglichkeiten später nicht nachtrauert.
Noch einmal eine Reise zu den Lofoten, dachte Hans, nur noch dieses eine Mal.

Immer wieder studierten sie Landkarten und Reiseführer, Fahrpläne und Fährverbindungen.
Ganz allmählich nahm ihre Route Gestalt an: Mit dem Zug nach Kiel und mit der Fähre von dort zunächst nach Oslo. Auf einer Autofähre gab es keine Probleme für Radfahrer, die keinen Stellplatz für Räder und vielleicht nicht einmal eine Kabine benötigten. Das wussten sie aus Erfahrung.
Und dann weiter mit der norwegischen Eisenbahn nach Trondheim, der heimlichen Hauptstadt, der Krönungsstadt für norwegische Könige.

Hans erinnerte sich. Vor neun Jahren hatten sie ihre Anreise nach Norwegen über den Norden Dänemarks geplant. Bereits die Fahrt nach Leipzig begann mit Nervenflattern. Der Zug besaß kein Fahrradabteil, sie blockierten die Türen und kamen mit Verspätung an.

In allerletzter Minute wuchteten sie ihre Räder in den Packwagen des abfahrbereiten Zuges nach Hannover und stürzten mit ihren sechs Packtaschen, einem Rucksack, dem im Paket verschnürten Zelt sowie der Lenkertasche in den nächstgelegenen Waggon. Doch die eigentlichen Probleme, die ihre gesamte Planung zur Makulatur und alle abgeschlossenen Reservierungen hinfällig machten, begannen in Hannover.

Der Bahnhof war in Vorbereitung auf eine Weltausstellung eine Baustelle, einfahrende Züge mussten Schritttempo einhalten, Verspätungen waren vorprogrammiert. So hetzten sie verzweifelt mit ihren Rädern durch eine Unterführung zum nächsten Bahnsteig. Doch der verantwortliche Beamte hatte den „Nordpfeil" nach Fredericia planmäßig auf die Reise geschickt. Und sie waren nicht die einzigen Fahrgäste, die dem abgefahrenen Zug verzweifelt nachschauten.

Das Bahnpersonal erwies sich damals als rücksichtslos und gleichgültig, demonstrierte mit höflicher Kälte ihre Unfehlbarkeit. Es war ein Wunder, dass Hans nach vier Stunden zäher Verhandlungen mit den Bahnbeamten auf der Basis einer mit vielen Stempeln versehenen Bescheinigung über die Zugverspätung ihre Räder im nächsten Zug nach Dänemark mitnehmen durften.

Gewissenhaft, kompetent, fast liebenvoll hatte dagegen bei ihren vielen außergewöhnlich komplizierten Anfragen die Fahrkartenverkäuferin in ihrem Heimatort nach sorgfältiger Prüfung und Beratung die gewünschten Tickets ausgestellt: Von Grimma über Borsdorf - einem kleinen, wenige Kilometer vom Ausgangsbahnhof gelegenen Ort - nach Hirtshals, mit dem Schnellboot der COLOR-LINE nach Kristiansand und mit der norwegischen Bahn weiter bis Stavanger. Es waren Tickets, die auch noch nach Jahren sowohl Bewunderung als auch ein leichtes Schmunzeln auslösten.

Weitere Schwierigkeiten drohten in Fredericia. Im Zug nach Norden war nur noch ein einziger Platz für die Mitnahme eines Fahrrads frei. Hans präsentierte die dafür erstandene Reservierung dem jungen dänischen Bahnbegleiter, der in bunter Uniform zunächst die Waggontür blockierte. Doch während er langsam und gewissenhaft das Papier studierte, hoben sie rasch ihre Räder in den vor ihnen stehenden völlig überfüllten Waggon.

Und dann fuhren sie beschwingt bis spät in den Abend durch liebliche dänische Landschaften.

Eine halbe Stunde nach Mitternacht waren sie in dem kleinen Ort Horring angekommen. Ein Anschlusszug nach Hirtshals fuhr erst am nächsten Morgen. Der kleine, saubere Bahnhofvorraum leerte sich rasch und wenige Minuten später schlossen sich laut rasselnd die automatischen Türen.

Nach kurzer Nachtruhe auf harten Bänken wurden sie durch ihr geräuschvolles Öffnen wieder geweckt.

Doch statt noch einige Stunden auf den Zug nach Hirtshals zu warten, waren sie in der einsetzenden Morgendämmerung mit ihren Rädern aufgebrochen, durch das noch schlafende Horring gefahren, hatten den Sonnenaufgang über den weiten Koppeln genossen, dem Jubilieren der erwachenden Vögel gelauscht und schließlich noch in den frühen Morgenstunden am Fährhafen eine Bäckerei gefunden, in der es verführerisch nach Kaffee duftete.

Von Trondheim aus sollte sie die Bahn nach Bodoe und eine Fähre zur Inselgruppe der Lofoten bringen. Dort wollten sie für viele Tage ihr Zelt aufschlagen.

Und der "Heimweg"?

Er sollte den zweiten, wichtigen Teil ihrer Reise ausmachen.

Vielleicht 2000 km würden es bis Oslo sein, vielleicht auch mehr.

Und vor allem Hans schwebte vor, einige der schönsten und spektakulärsten Routen ihrer bisherigen Reisen noch einmal zu erleben, die Atlantikstraße, vielleicht den Trollstigen, die berühmte R 55 von Lom bis zum Lustrefjorden, den Rallarvegen und die Piste neben der berühmten Flambahn.

Doch alle diese Pläne werden sich nicht realisieren lassen, fürchtete Hans.

Still, überlegt und erfahren legte Elise die Dinge bereit, auf die sie während ihrer Reise auf keinen Fall verzichten konnten.

Listen mit notwendigen Reiseutensilien waren zwar noch vorhanden. Doch ständig neu stellte sich das Problem der Minimierung des Gewichts.

Bei reichlich fünfzig Kilogramm, so schätzte Hans, sollte diesmal die obere Grenze liegen, verteilt auf die beiden Räder, verstaut in sechs Packtaschen, festgezurrt auf zwei Gepäckträgern, untergebracht in einem kleinen Rucksack und in einer Lenkertasche.

Nachgewogen hatten sie nie.

Was also mitnehmen?

Einen Fotoapparat natürlich (oder auch zwei?), dazu ein Ladegerät und Wechselobjektive, mindestens eine Taschenlampe (trotz Mitternachtssonne), das solide, schwere Fernglas (darauf mussten sie leider dann doch verzichten), ein Notfallhandy, die bewährten roten, etwas schweren Regenjacken mit Kapuze, Regenhosen, Gamaschen, abgepolsterte Radhosen, einige Trikots, Pullover, Unterwäsche natürlich, Strümpfe, Radschuhe, die Helme und Unterziehschals, warme Mützen und Fahrradhandschuhe.

Bisher hatten sie den aufklappbaren Armeekocher ihres Sohnes mitgenommen, nicht viel größer als eine Zigarettenschachtel. Er wiegt fast nichts, dafür belasteten die Espit-Würfel aus Hartspiritus ihr Gepäck um so mehr.

Nun hatten sie sich ein kleiner Gaskocher angeschafft.

Man musste auch an notwendiges Werkzeug (Montierhebel, Schraubendreher, Inbusschlüssel, Kombizange) denken, dazu an zwei Ersatzschläuche, Flickzeug, Speichen, ein Fläschchen Fahrradöl und eine Luftpumpe, an Trinkflaschen, an Riemen und hinreichend viel Gurte zum Verzurren des Gepäcks, an Zelt und Zeltunterlage, an die beängstigend dünnen, zusammenrollbaren Isoliermatten.

Natürlich müssen die Schlafsäcke regensicher verpackt werden.

Schließlich gehören Handtücher in das Reisegepäck, dazu ein Wischtuch, ein Kochtopf und zwei kleine Teller, ein zuverlässiges Allzweckmesser und die bewährten Löffel mit den roten Plastestielen, Wischtuch und Seife, Haarwäsche, Rasierzeug, ein Fettstift und Papiertaschentücher.

Verzichten konnte man auch nicht auf Fahrradbrillen, Lesebrillen, einen kleinen Notizblock und Schreibzeug, ausführliches Kartenmaterial, Campingverzeichnisse, ein kleines Wörterbuch, einen Kompass, Ausweisdokumente und Geldkarten. Und für Notfälle durfte ein Set für erste medizinische Hilfe nicht vergessen werden.

Die praktisch denkende Elise legte fest, wie das Gepäck sorgsam verstaut werden musste. Sie tat es geschickt und so unauffällig, dass Hans später mitunter längere Zeit benötigte, um die kluge von ihr festgeschriebene Ordnung in den Packtaschen zu durchschauen.

1.3 Loslassen

Ungeduldig warteten die beiden Trekkingräder wie große treue Hunde hinter dem Haus. Willig ließen sie sich die Ortlieb-Radtaschen anhängen, sorgsam und sicher verpackte Schlafsäcke, Zelt und Iso-Matten auf ihre Träger schnallen.
Es war fast dunkel als sie die Haustür verschlossen, die blaugraue Nacht hielt noch den Atem an.
Nur ein kaum erkennbarer Lichtstreif hinter dem großen Nussbaum im Osten verkündete den nahenden Morgen.
Hans blieb noch einen Augenblick nachdenklich stehen.
Noch schwiegen die Vögel. Vernehmbar war ein leichtes Säuseln des Windes in den Bäumen des Parks. Von der fernen Autobahn drangen vereinzelt und kaum wahrnehmbar Fahrgeräusche durch das noch vor sich hin träumende Tal.
Sie warfen einen letzten etwas sorgenvollen Blick auf Haus und Garten, auf das Beet, auf dem die Rosen einen zarten Duft verbreiteten, auf den schwermütigen Wacholder, die zierliche Hängebirke am Gartentor, die auch im Schein der Gartenleuchte kaum zu erkennen war.

Ein letzter Blick galt dem düsteren Park mit dem nur wenige hundert Meter entfernten Haus, in welchem einst der Verleger Göschen wohnte.
Es war unheimlich ruhig als sie schließlich ihren Garten verließen.
Nur der Schlüsselbund kicherte heimlich vor sich hin während sie das Gartentor verschlossen und ihn in der sichersten Tasche des Reiserucksacks verstauten.

Ihre schwer beladenen Räder lagen satt auf der Straße als sie durch die leergefegten Straßen zum Bahnhof der Kleinstadt fuhren.
Die Häuser wirkten unbelebt, finster, fast unheimlich. Von vereinzelten Lampen auf hohen Masten wurden sie kläglich beleuchtet. In wenigen Stunden würde die Kleinstadt erwachen.
Doch damit hatten sie nun nichts mehr zu tun.

Am Ende eines langgezogenen Anstiegs, die Straße führte aus dem Tal der Mulde heraus, tauchte als ein großer, gespenstiger Klotz das Bahnhofsgebäude auf.

Der Bahnhof selbst war zu einem trostlosen schmutzigen Haltepunkt verkommen.

Seine Türen waren seit langem verschlossen.

Bahnpersonal gab es nicht mehr.

Der nur dürftig beleuchtete Bahnsteig war noch vollkommen leer in der frühen Morgenstunde.

Die gesamte Anlage machte einen tristen, hoffnungslosen Eindruck.

Nur ein blecherner Fahrkartenautomat blickte die beiden Reisenden frech und selbstbewusst an.

Doch ihn benötigten sie an diesem Tage nicht

Noch blieb viel Zeit bis zur Ankunft des Zuges, sie lehnten ihre bepackten Räder an eine weiß gekalkte Wand.

Mit Wehmut schaute sich Hans um. Über dreißig Jahre lang war er fast täglich von hier aus in die nahe Universitätsstadt gefahren.

Er erinnerte sich nicht ungern an jene Zeit, in der er hier Bekannte traf, die wie er die damals preiswerte Fahrt mit der Bahn nutzten, an seine Gespräche mit dem „Mann mit der roten Mütze", der später fast sein Freund geworden wäre, an die hilfsbereiten Frauen am Fahrkartenschalter, an ihm bekannte Reisende, die in der kleinen Bahnhofswirtschaft rasch noch einen Kaffee tranken.

Im Jahre 1866 als die kleine Stadt an das Bahnnetz angeschlossen wurde, entstand das im englischen Tudorstil großzügig erbaute Bahnhofsgebäude, geschaffen für eine lebendige, pulsierende Zukunft.

Und heute?

Keine Gastwirtschaft, nicht einmal ein winziger Wartesaal, keine Toiletten, kein Bahnpersonal, Bahngleise voller Unrat, dahinrostende Geräte.

Schmutzig und verschlossen, besprüht und verlassen, mit finsteren traurigen Fensteraugen wartet das Bahnhofsgebäude vergeblich auf einen Käufer.

Es war überflüssig geworden wie ein Mensch, den keiner mehr braucht.

Du verklärst die Vergangenheit, dachte Hans.

Und doch stimmte ihn der Zustand des Bahnhofes traurig.

Nur noch selten hatte er den Weg zu den Bahngleisen eingeschlagen.

Und dennoch, sagte er sich, hast du hier einen Teil deiner Lebenszeit verbracht, hast manchmal unruhig auf verspätete Züge gewartet, hast polternde Güterzüge passieren lassen müssen, hast spät abends oft frierend bei trübem Laternenlicht den halbverfallenen Schuppen aufgesucht und dein treues Fahrrad von seiner Fessel erlöst.

Seine Fahrten vollzogen sich fast wie ein Ritual: Er begrüßte flüchtig mitreisende Bekannte und vertiefte sich dann in den Inhalt seiner Vorlesungen, nur ab und zu das Vorankommen des Zuges mit dem Wandern des Zeigers auf seiner Uhr vergleichend, nervös dabei bedacht, seine Studenten im Hörsaal nicht warten lassen zu müssen.

Doch seit einigen Jahren erwarteten die Studenten ihn nicht mehr.

Als er nach seinem 65. Geburtstag die Universität verließ, war er für kurze Zeit in ein tiefes, schwarzes Loch gefallen.. Es fehlten ihm plötzlich alle Gewohnheiten, von denen er erst jetzt so richtig spürte, wie teuer sie ihm geworden waren: Das Hineindenken in die Inhalte seiner Vorlesungen bis spät in die Nachtstunden hinein, die Erfüllung beim Erläutern schwieriger mathematischer Zusammenhänge im Hörsaal, die Gespräche mit neugierigen Studenten und Assistenten, die interessanten Diskussionen mit Kollegen.

Es war ihm anfangs nicht leicht gefallen, all diese Veränderungen zu verstehen und sie als eine notwendige Entwicklung zu akzeptieren. Sein Seelenzustand änderte sich jedoch bald grundlegend, als er wieder Lehraufträge an Universitäten angeboten bekam, sich Verlage für seine Arbeiten interessierten und er Fachbücher veröffentlichen konnte und als man ihm antrug, Vorträge über spannende mathematische Probleme zu halten.

Und du selbst, fragte er sich, den verlotterten Bahnhof betrachtend, bist du nicht auch ein anderer geworden mit den Jahren?

Dabei dachte er daran, dass sein Rücken noch etwas gebeugter, sein Haar noch weißer, sein Gesicht faltiger und der zuweilen auftretende Schmerz in seinen Knien zunehmend störender geworden war.

Mein Bedürfnis aber, mich nützlich zu machen, so redete er sich selbst immer wieder ein, ist jedoch noch immer das gleiche geblieben.

Du änderst dich in dieser Hinsicht hoffentlich auch nicht mehr, beruhigte er sich.

Sie waren noch immer fast allein, als der Zug einrollte.

In Eile, doch mit einer gewissen Routine, hoben sie ihre Räder in den dafür vorgesehenen Wagen und verstauten ihre Gepäckstücke in Gepäcknetzen und auf Sitzen, eine Zeremonie, die sich auf ihrer Reise noch sehr oft wiederholen würde.

Und dann fuhr Hans wieder auf der ihm so bekannte Strecke.

Er hatte sie viele tausendmal zurückgelegt im Heer der Pendler. Und er dachte - etwas ärgerlich über sich selbst - darüber nach, warum er nun die einzelnen Zwischenstationen und deren Reihenfolge nicht mehr sofort aus einem Speicher seines Gedächtnisses abrufen konnte.

Du bist eben doch alt geworden, dachte er unruhig. Oder du hast früher zuviel gearbeitet auf deinen Bahnfahrten; die Orte an der Strecke waren dir nicht wichtig.

Auch der fast einhundert Jahre alte Hauptbahnhof in Leipzig hatte sich verändert.

Hans kannte ihn, als er zerbombt in Trümmern lag, als er in den Nachkriegsjahren mühevoll wieder aufgebaut und schließlich neuen Bedürfnissen angepasst wurde.
Er empfand diese aufwendige Umgestaltung als eine moderne zweckmäßige Weiterentwicklung: Einkaufszentren, Buchhandlungen, viele Bistros mit zum Ausruhen einladenden Stühlen, Rolltreppen, bunte Lichter, übersichtliche Informationsmöglichkeiten, Sauberkeit, Hast ohne Hektik. Er spürte, wie die ihm so vertraute wohltuende Atmosphäre der Innenstadt, der bezaubernde Charme des unverwechselbaren, einzigartigem Passagensystem über den Ring strömte und sich in den Hallen des Bahnhofs ausbreitete.

Und dann saßen sie in dem Zug, der sie zur Fähre nach Kiel bringen sollte.
Mit jedem Kilometer löste sich ihre Anspannung.
Und Hans, nun wieder frei von schwermütigen Gedanken, sprach hoffnungsvoll von bevorstehenden Eindrücken und Erlebnissen.
„Jedes Abenteuer besteht zu 70% aus Vorfreude und zu 30% aus Nachsorge", dämpfte Elise seine euphorischen Gedanken.
Sie hat recht, dachte er, sie hat wieder einmal recht.
Es dämmerte, sie konnten erkennen, dass sie durch vertraute Gegenden fuhren.
Doch dann verlor sich ihr Interesse an den rasch vorbei gleitenden Landschaften.
Beide gaben sich dem angenehmen Gefühl hin, in den nächsten Stunden unbesorgt die Glieder ausstrecken und die Augen schließen zu können.

Zunächst störte ein Schaffner sie in ihren Halbträumen.
Hans kramte sorgsam aus seinem kleinen Rucksack, in dem alle wichtigen Dinge verstaut waren, die Fahrkarten hervor.
Eigentlich war alles wichtig. Es durfte nichts verloren gehen auf ihrer Reise.
Sehr viel länger als man erwarten konnte, prüfte der Beamte mit gerunzelter Stirn Fahrkarten, Reservierungsbelege und Mitnahmeberechtigungen für die Räder auf ihre Korrektheit.
Dann nickte er herablassend und gab das Bündel an Fahrausweisen zurück.

Der nächste Störenfried war ein junger, etwas dicklich geratener Mann mit korrekt gebundener Krawatte, der ungefragt über seine neue Arbeitsstelle „im Westen" berichtete. Er sei Computerfachmann und „flexibel einsetzbar".
Höflich, doch zurückhaltend und letztlich gelangweilt hörten die beiden Alten den selbstsüchtigen Ausführungen des jungen Mannes zu.

Im Regionalzug nach Kiel war das Gedränge groß. Viele Menschen wollten das Spektakel der Kieler Woche besuchen: Junge Frauen, fremdländische Familien, Kinder mit fröhlichem Gekreisch, Burschen in bewusst ungepflegter Kleidung, ältere Herren mit erwartungsvoll stierenden Augen.

Ein Blick aus dem Fenster: Regen, Regen, Regen.

Ankunft in Kiel - schlimmer konnte es nicht schütten.

Doch sie hatten Zeit.

Nach einer halben Stunde holten sie ihre Unwetterbekleidung aus den Packtaschen und radelten am Westufer der Kieler Förde vorbei an Buden, Karussells, einem Riesenrad und an hastenden Menschen mit aufgespannten Schirmen.

Allmählich klarte der Himmel auf. Nach einigen Irrfahrten - eine Brücke über den Nord-Ostsee-Kanal wurde mehrfach überquert - erreichten sie schließlich einen Campingplatz. Er war spartanisch angelegt und nur mäßig belegt. Die Wiese triefte vor Nässe.

Ein abendlicher Spaziergang führte sie an den Strand.

Dann zogen sie sich in ihr Zelt zurück.

Und damit hatten sie endgültig losgelassen, hatten den Ballast der Sorge um alles Zurückgelassene für die kommenden Wochen über ihre Schultern geworfen.

Es war warm, windig und leicht bewölkt, als die beiden den Campingplatz an der Förde mit noch nicht ganz trockenen Sachen verließen.

Sie hatten noch Zeit, die Fähre nach Oslo legte erst am frühen Nachmittag ab.

Das Wetter hatte inzwischen Tausende von Besuchern an die Strandpromenade gelockt. Sie hatten Mühe, mit ihren schwer bepackten Rädern einen Weg durch das Menschengewühl zu finden.

Erstaunlicherweise fanden sie am Westufer die Anlegestelle der COLOR-LINE nicht, obwohl sie glaubten, den Kai von früheren Reisen her genau zu kennen.

Die Uhr tickte.

Hans wurde nervös.

Sie fuhren zurück.

Ein Einheimischer verriet, dass seit etwa zehn Jahren die Anlegestelle an das Ostufer verlegt worden wäre. Das stimmt nicht ganz, dachte Hans, vor acht Jahren war sie noch an der altbekannten Stelle.

Doch sie fanden den Kai schnell und reihten sich ein an die Spitze eines Pulks von etwa achtzig Motorradfahrern, ganz offensichtlich ein Volk für sich, lederbekleidet, selbstbewusst, etwas grobschlächtig, meist gutmütig.

Über zweieinhalbtausend Passagiere konnte die moderne Fähre mit dem stolzen Namen „Fantasie" transportieren, genau vier Reisende waren lediglich mit ihren Fahrrädern unterwegs. Sie fuhren als erste in den mächtigen Bauch des Schiffes und verzurrten ihre Räder an dessen Wänden.

Es hat sich nichts geändert, dachte Hans, auch vor mehr als fünfzehn Jahren bei ihrer ersten Norwegenreise nahmen genau vier Radfahrer an der Überfahrt teil.

Damals war ihr Geldbeutel noch um sehr viel schmaler. Ihre gebuchte enge Vier-Mann-Kabine befand sich, so empfanden sie, höchstens zwei Meter über der Schiffsschraube. Kein anderer Passagier hatte sich eine solche Zelle zugemutet.

Doch wozu benötigt man eigentlich Luxus auf einer Fähre, die nur die Aufgabe hat, Autos und Passagiere in zwanzig Stunden von Kiel nach Oslo zu bringen?
Wieder fanden sie Ladenstraßen mit dem Charme einer Flaniermeile, Promenaden, mehrere große und kleine Restaurants, Fitness-Studios, Spielcasinos, Whirlpool, Tanzveranstaltungen und Musikdarbietungen, Kabinen voller Luxusgegenstände, die sie selbst bei gutem Willen nicht brauchten.

In einem Prospekt wurden sie über die Ausmaße der Fähre informiert: 75 000 BRT, 42 000 PS, 224 m lang und 35 m breit, 15 Decks, 927 Kabinen für Passagiere, 750 Stellplätze für Autos.

Hans und Elise kamen sich verloren vor unter den vielen Passagieren.
Sie gingen noch einmal auf das Oberdeck, um zu erleben, wie die Sonne glutrot und majestätisch im Meer versank.

Auf den Lofoten sollen maximal 8 Grad herrschen.

1.4 Jenseits des Polarkreises

Es wurde lange Zeit nicht hell in ihrer Kabine.
Zudem hatten sie schlecht geschlafen, unruhiger als früher in ihrem Zelt.
Es war kurz vor sieben Uhr. Sie nutzten ausgiebig die komfortablen sanitären Bedingungen.
Als könne man sich auf Vorrat waschen.

Inzwischen hatte die Fähre den hundert Kilometer langen Oslofjord erreicht.
Sie entdeckten die idyllischen Inseln, verschlungene Nebenarme und natürliche Häfen wieder, die sie bereits bei ihrer ersten Norwegenreise bewundert hatten.
Schnelle Motorboote und bunte Segeljachten glitten elegant durch türkisfarbenes Wasser; der Oslofjord war und ist ein Urlaubsparadies für Norweger und ihre Gäste aus aller Welt.

Die Heiterkeit und Unbeschwertheit der Passagiere an Bord ließ die Tragödie vergessen, die sich vor fast sieben Jahrzehnten an der engsten Stelle des friedlichen Oslofjordes ereignete.

Hans war damals noch nicht ganz acht Jahre alt. Und er konnte sich nicht erinnern, dass bereits in jener Zeit Nachrichten über die dramatischen Ereignisse an sein Ohr gedrungen waren.

Erst als ich über Radtouren durch Norwegen nachdachte, überlegte Hans, bin ich auf Informationen über das aggressive Vordringen der deutschen Marine in norwegisches Hoheitsgebiet während des zweiten Weltkrieges gestoßen.
Das verbrecherische Regime des deutschen Nationalsozialismus hatte im September 1939 mit dem Einmarsch in Polen den Weltkrieg ausgelöst.
Im April des folgenden Jahres sollte der Überfall auf Norwegen beginnen.
Der schwere Kreuzer „Blücher" – erst im September 1939 in Dienst gestellt – war ausgewählt worden, als Führungsschiff einer kleinen Kriegsflotte in den Oslofjord einzudringen, Gebirgsjäger in Oslo auszusetzen und die Stadt einzunehmen.
Doch der mit großer Geheimhaltung vorbereitete Plan scheiterte.
In der Drøbak-Enge wurde die „Blücher" von der südlich der Insel Kaholmen gelegenen kleinen Küstenbatterie beschossen, pikanterweise mit alten deutschen Kanonen der Firma Krupp. Weitere Treffer erzielte die von einem pensionierten norwegischen Fregattenkapitän befehligte Kaholmen-Torpedobatterie. Brennend und schwer beschädigt trieb der Kreuzer aus dem Feuerbereich heraus, bekam immer mehr Schlagseite und kenterte.
Weit mehr als 800 Seeleute fanden den Tod.
Das Wrack liegt noch immer an der Untergangstelle in neunzig Meter Tiefe und wird wohl auch nicht mehr geborgen.
Und täglich pflügen die Fähren mit ihren froh gestimmten Passagieren das Wasser über dem Seemannsgrab. Die meisten der vergnüglichen, sich amüsierenden Touristen wissen nicht, dass sie gerade einen Friedhof überqueren..
Es war damals der Anfang der Invasion der deutschen Truppen in Norwegen.
Hans schauderte bei den Gedanken an die toten Seeleute, an junge, verführte, oft auch verblendete Menschen, ausgeschickt, um in eine friedliche Landschaft einzudringen und deren Menschen zu unterwerfen.
Muss ich mich schämen, sinnierte er erneut, wenn ich in dieses Land fahre, das meine Landsleute einst überfallen, unterdrückt und ausgebeutet hatten? Muss ich mich entschuldigen, wenn ich Norweger treffe, die jenen Krieg noch erlebt haben? Muss ich mir mein Gewissen wund scheuern, weil ich mit jenen Deutschen eine gemeinsame Vergangenheit habe?
Eine Mitverantwortung habe ich sicher nicht, grübelte er weiter, und auch mein Vater, der den Mut hatte, sich bereits während des Krieges ihm, seinem noch jungen Sohn, als Gegner des Nationalsozialismus zu offenbaren, war wohl von einer persönlichen Mitschuld frei zu sprechen.
Und dennoch ließen ihn diese Gedanken keine Ruhe.

Die vertraute Silhouette von Oslo tauchte auf, die Hafenanlagen, das Rathaus, das Polarschiff-Museum, die Festung Akerhus.

Wie üblich mussten sie lange warten im Car-Deck. Autos lauerten dort mit angelassenen Motoren auf das Signal zur Ausfahrt. Sie schlängelten sich zwischen den Fahrzeugen hindurch, fuhren eine steile Rampe hinab in ein unteres Deck und schließlich auf bereits bekannten Osloer Straßen in Richtung Zentral-Station.

Hans besorgte an einem der Bahnhofsschalter bei einer hübschen jungen Norwegerin alle Fahrausweise, die sie neben ihrem Scanrail-Pass noch benötigten:

2 Voksen: Fra OSLO til TRONDHEIM, Tog 47, Vogn 2, Plass 87 (Vindu) / 88 (Gang)

2 Sykkel: Fra OSLO til TRONDHEIM, Tog 47, Vogn 4

2 Voksen: Fra TRONDHEIM til BODOE, Tog 475, Vogn 4, Plass 57 (Vindu) / 58 (Gang)

2 Sykkel: Fra TRONDHEIM til BODOE, Tog 475, Vogn 3

Sie hatten noch Zeit.

Also bummelten sie durch die nahe gelegene Innenstadt.
Elise erwarb noch einige Flaschen Mineralwasser.
Hans erstand eine Telekort, die man an öffentlichen Fernsprechern nutzen kann.
Sie sind selten geworden im Zeitalter der Mobiltelefone.
Und wieder wurden sie eingestimmt auf die hohen Preise in Norwegen. Doch sie kannten diese schon und diesmal störte es sie kaum.

Vor dem königlichen Schloss - einem vergleichsweise bescheidenen Palast - fand gerade eine Wachablösung statt. Hans versuchte, sich durch die Menge der Schaulustigen zu drängen. Eine attraktive Norwegerin, die offenbar mehrere Jahre in Deutschland verbracht hatte, hielt ihn zunächst für einen Landsmann und sprach ihn an. Hans wies auf sein bepacktes Rad und erläuterte seine Reisepläne.
Sofort umringten ihn - großes Interesse zeigend - weitere elegante Frauen reiferen Alters.
Wohin die Fahrt denn ginge?
Wie lange die Reise dauern würde?
Ob man sich auf den Lofoten treffen könnte?

Etwas zögerlich und betont langsam zog sich Hans zurück, schwankend zwischen Hoffnung und Resignation.

Mit Elise verbrachte er ein paar geruhsame Stunden in Oslos Innenstadt.
Die Sonne schien, es war warm und die beschauliche Stimmung in der Hauptstadt Norwegens war an diesem Tag so gar nicht vergleichbar mit der Hektik in anderen europäischen Residenzen.

Der Zug nach Trondheim – modern, schnell, bequem – kam in letzter Minute. Es war anders als bei ihrer ersten Norwegenreise. Sie brauchten nicht mehr wie damals argwöhnisch zu kontrollieren, ob ihre Räder, die sie eine reichliche Stunde vor Abfahrt des Zuges nach Bergen an einer etwas versteckt liegenden Stelle des Osloer Bahnhofes abgeben mussten, auch tatsächlich im gleichen Zug verladen würden.

Es wurde eine angenehme, eine geruhsame Fahrt.
Bekannte Gebiete tauchten auf: Hamar, Lillehammer, Otta.
Traumhaft erinnerten sie sich an vergangene Reisen, an das Konzert in den Ruinen des mit einem imponierenden Glasdach geschützten mittelalterlichen Hamardomes, an den Besuch der Olympia-Anlagen in Lillehammer.

Und in mehr oder weniger großem Abstand wurde der Zug von der E 16 begleitet, einer der wenigen, allerdings vorbildlich ausgebauten Straßen gen Norden.

Die Verspätung des Zuges schwankte zwischen 10 und 50 Minuten.
Hans wurde nervös: Für „changing the train" in Trondheim waren nur 45 Minuten vorgesehen.
Der Anschlusszug nach Bodoe würde sicher warten, so hofften sie.

Doch mit ihren vielen Gepäckstücken und der Notwendigkeit, ihre Räder von einem Gepäckwagen in den des anderen Zuges zu bugsieren, würden sie es wesentlich schwieriger haben als alle anderen Reisenden.
Und dann rollte er ein, der Zug, in den Bahnhof der alten Königsstadt Trondheim.

Bei nahezu allen Fahrgästen stellte sich eine unübersehbare Unruhe ein.
Tramper mit sperrigem Gepäck, seriöse Geschäftsleute, Soldaten, Familien mit Kindern, allein reisende Frauen, alle drängten sich durch die schmale Abteiltüren.
Der Packwagen des abfahrbereiten Zuges befand sich nun gerade am anderen Ende des Bahnsteiges.

Erst als Hans einen etwas versteckt liegenden grünen Knopf entdeckt hatte, gelang es ihm, die Waggontür zu öffnen. Mühsam kletterte er in den Wagen und ließ sich von Elise die Räder heraufreichen.
Ein Vertreter des Zugbeleitpersonals kontrollierte noch sorgfältig die an den Rädern befestigten Fahrkarten. Erst dann durften Hans und Elise mit ihrem aufwendigen Gepäck den Wagen mit der Nummer 4 aufsuchen.

Es war fast Mitternacht, als sich der Zug nach Bodoe in Bewegung setzte.
Und es war noch immer hell.

Die Waggons schienen aus den zwanziger Jahren zu stammen; stabil, robust, zuverlässig, praktisch. Auf jedem Platz lag ein Päckchen bestehend aus einer grauen Decke, einem aufblasbaren Kopfkissen, einer Augenbinde und einem Paar Ohrstöpsel.

Dieses „Rettungspaket" erwies sich als außergewöhnlich zweckmäßig auf der etwa zehnstündigen Reise nach Norden: Die Decke schützt vor Kälte, die Ohrstöpsel dämpfen die Fahrgeräusche und die Augebinde soll das Schlafen während der Fahrt auch bei Tageslicht ermöglichen.

Die Sonne stand in der Tat ständig über dem Horizont, es war „Kaiserwetter".
Eine Landschaft mit beeindruckenden Farben zog an den Fenstern des Zuges vorbei, kristallklare Flüsse, Berge, Wasserfälle, Gletscher, Schneefelder.

Die Bahntrasse steigt und fällt und steigt und fällt. Ab und zu konnten sie die ebenfalls nach Norden führende E 16 erkennen.

Der Lokführer ließ ein gellendes, pfeifendes Signal ertönen. Der Zug überquerte den Polarkreis.
Hans holt eine grüne Metallflasche aus einer Packtasche. Mit einem Becher Cognac feierten sie das Ereignis, erstmals in ihrem Leben jenseits dieses nördlichen Breitenkreises zu sein.
Für die beiden Alten in ihrem Eisenbahnwaggon war es die Erfüllung eines Traumes.

Während einer ihrer früheren Norwegenreisen hatten sie voller Respekt versucht, die kaum vorstellbaren Schwierigkeiten zu ergründen, welche die norwegischen Ingenieure beim Bau der Eisenbahntrasse von Oslo nach Bergen zu überwinden hatten. 1895 war diese Ost-West-Verbindung vollendet worden und noch heute wird sie begleitet vom Rallarvegen, dem alten, legendären Weg der Bauarbeiter, auf dem Transport- und Versorgungsfahrzeuge sich durch die wilde menschenleere Landschaft quälen mussten. Von Haugastöl waren sie damals aufgebrochen in Richtung Finse, dem mit 1222 Meter höchsten Punkt dieser Trasse. Es ist das Gebiet, in dem der norwegische Polarforscher Roald Amundsen seine Ausrüstung vor der Abreise in die Antarktis erprobte.

Sie erlebten einen Weg bestehend aus Schotter, Sand oder Schlamm. Für Kraftfahrzeuge war er aus guten Grund gesperrt. Es wurde eine beschwerliche, aber ungemein begeisternde Fahrt durch die grandiose, unbewohnte Landschaft. Sie waren völlig allein. Der Weg führte nicht weit von der Eisenbahntrasse entfernt ständig bergauf, nur unterbrochen von kurzen steilen Abfahrten. Dann traten die ersten Schneewehen auf.

In Finse herrschte Winterwetter, sonnig, aber kalt. Rings um die alte Bahnstation dehnte sich eine schier endlose schneebedeckte Landschaft aus.
Die Rückfahrt nach Haugastol war, wie erwartet, nicht ganz ungefährlich.
Rückenwind trieb die beiden Radler über den Schotter der abschüssigen Piste.

Auf dem Lagerplatz hatten sich neben ihrem Zelt zwei Französinnen eingerichtet. Sie lachten und rauchten und boten den Heimkehrenden hilfsbereit einen großen Hammer an, als Hans begann, seine Fahrrad-Computer neu zu justieren.

Und noch früher - es war auf ihrer ersten Norwegenreise - hatten sie die Kühnheit norwegischer Ingenieure und Baumeister bewunden können, als sie von Myrdal aus in Sichtweite der berühmten FLAM-Bahn den langen und zum Teil über 10% steilen, alten geschotterten Bauweg hinunter nach Flam fuhren. Es war trotz oder vielleicht auch wegen der grandiosen Aussicht in das wilde Flamtal eine halsbrecherische Fahrt.
Elise hielt es für sicherer, an gefährlichen Stellen abzusteigen und ihr Rad zu schieben.
Wir hätten die Bahn nehmen sollen, meinte sie damals.
Dieses Meisterwerk des Eisenbahnbaus mit einer Länge von 20 km überwindet ein Gefälle von fast 900 m, durchquert sechs Tunnel und bewegt sich wie auf einer Achterbahn in den Kehren um die Felsen.
Doch sie standen damals am Anfang ihrer Reise, mussten ihre norwegischen Kronen sorgsam zusammen halten. Es war eine Zeit des harten Sparens und einer mit Verzicht verbundenen Bescheidenheit. Und eigentlich war es so geblieben.

Der Zug hastete weiter.
Elise bekam ein entzückendes farbiges Kleinkind zur Betreuung.
Nach fünf Minuten war die Mutter zurück - tusen takk - tausendmal Dank.
Die Landschaft wurde zunehmend karger.
Dennoch faszinierte sie die beiden Reisenden.
Kurz nach neun Uhr erreichte der Zug die Zentralstation Bodoe.
Hier endet die Trasse der norwegischen Eisenbahn.

Wer will, könnte nun mit einem Schiff weiter bis zum Nordkap reisen.
Doch das wollten sie nicht.

Der Campingplatz BODOESJOEN war nur mäßig belegt, er liegt etwas außerhalb von Bodoe, allerdings in unmittelbarer Nähe eines Start- und Landeplatzes der norwegischen Luftwaffe.
Bei vereinzelten Übungsflügen dröhnten und donnerten Jagdflugzeuge mit ohrenbetäubendem Lärm über dem Campingplatz. Nicht noch einmal wollen die Norweger ihr Land kampflos einem Aggressor überlassen.

Hans musste an die unheilvollen Bombennächte in seiner Heimatstadt denken.
Zweimal, so erinnerte er sich, war Leipzig während des Krieges das auserwählte Ziel massiver Bomberverbände.
Der erste Großangriff fand in der Nacht zum vierten Dezember des Jahres 1943 statt.
Sirenen heulten auf. Das kannte er schon. Doch diesmal war es ein Signal für einen gezielten Angriff auf seine Heimatstadt.
Zusammen mit Frauen und anderen Kindern hatte er als elfjähriger Junge im Keller gehockt, die Gasmaske und eine kleine Tasche mit wichtigen Utensilien in Griffnähe.
Das Pfeifen der fallenden Bomben, das Jaulen der Luftminen und das Dröhnen der Einschläge kam näher und näher. Die Trennwand zum Keller des Nachbarhauses wurde eingeschlagen, um einen Fluchtweg zur Verfügung zu haben.
Doch sein Haus blieb verschont.
Vielleicht war es Zufall.
Als Hans an jenem frühen Dezembermorgen sich auf die Straße getraute, leuchtete taghell die lodernde Innenstadt. Noch am gleichen Tage wagten sie die Flucht aus ihrem zerstörten und noch immer brennenden Heimatort, wohl wissend, dass eine Stadt in Flammen ein ideales Ziel für weitere Luftangriffe ist.

Das dunkelgrüne Zelt war schnell aufgebaut
Elise bereitete das bewährte Nudelgericht vor.
Noch lange saßen sie vor ihrem Zelt.
Sie blickten auf das Meer.
Die Inseln der Lofoten lagen in greifbarer Nähe.

1.5 Am Saltstraumen

„Geschlafen habe ich wie ein Bär", meinte Hans und kroch noch etwas steif aus seinem geliebten roten Schlafsack.

Auf dem Zeltplatz befand sich eine einzige Bank. Hans beobachtete sie mit wachsendem Interesse. Sie war ein geeigneter Ort für ihr Frühstück.
Als radelnde Reisende hatten sie einen gewissen Anspruch darauf.
Der Saltstraumen, der stärkte Gezeitenstrom der Welt, war das erste große Ziel ihrer Reise.
Alle sechs Stunden zwängen sich fast 400 Millionen Kubikmeter Wasser mit einer Geschwindigkeit von fast zwanzig Knoten durch die drei Kilometer lange und nur 150 Meter breite Meerenge zum Skjerstadfjorden. Die Stromschnellen sollen einen Durchmesser bis zu zehn Metern besitzen und bis in die Tiefe von fünf Metern reichen.
Gegen Mittag, so hatten sie erkundet, sollte der Gezeitenstrom an diesem Tag am gewaltigsten sein. Die reichlich dreißig Kilometer bis zur Brücke über den Strom würden sie in dieser Zeit leicht schaffen.
Erwartet hatten sie ein Gedränge von Menschen.
Doch ihre Befürchtungen waren völlig unbegründet. Sie waren allein auf der Brücke und genossen den faszinierenden Blick auf die schneebedeckten Berge, die sich hinter begrünten Uferstreifen majestätisch ausstreckten.

Weit unten warteten geduldig zahlreiche Angler in diesem fischreichen Gebiet auf Dorsch und Lachs.

Von dem hohen Bogen der Brücke aus betrachtet erschienen sie ihnen wie eine Ansammlung winziger Zwerge.

Gurgelnd und tosend strömte die Wassermassen nach Osten, tiefschwarze von Schaumkronen verzierte Wirbel mit sich führend.

Lange Zeit konnten sie sich nicht von dem Anblick lösen.

Hans drängten sich Gefühle auf wie vor vielen Jahren.

Auf einer ihrer Norwegenradreisen hatten sie den Prekestolen erklommen:

Obwohl der Felsen ungesichert über 600 m senkrecht in den Lysefjord abfällt, ist noch niemand herabgestürzt. Und keiner hat bisher diesen Ort für einen Selbstmord genutzt, obwohl er eine hundertprozentige „Erfolgsgarantie" für ein solches Vorhaben böte.

Dies jedenfalls erzählte ihnen ein Norweger, als sie im Mai 1999 auf diesem mächtigen, einmalig schönen Felsplateau standen, einer nahezu quadratische Kanzel, welche fast die Hälfte eines Fußballfeldes einnimmt. Sie glaubten damals diesem sympathischen Mann und hofften, dass er diese erfreuliche Botschaft noch viele Jahre weitergeben kann.

Hans erinnerte sich an Einzelheiten dieser erlebnisreichen Reise. Die Eindrücke hatten sich so lebendig in sein Gedächtnis eingegraben, als lägen sie erst wenige Tage zurück.

Von Stavanger aus war diese bekannteste Aussichtsplattform Norwegens gut zu erreichen.

Ein Taxifahrer hatte ihnen damals den Campingplatz Mooswangen empfohlen – ein guter Rat. Er war für einige Tage eine hervorragende Bleibe, groß, stadtnah, ruhig inmitten eines Parks mit freundlichem, hilfsbereitem Personal, junge Leute, welche zuvorkommend ihre bescheidenen Wünsche erfüllt hatten.

Der Platz war kaum belegt, sie genossen die Vorzüge der Vorsaison. Vielleicht gehörten auch die sechs Tassen Kaffe für läppische 10 NOK zu den Privilegien einer sehr frühen Anreise.

Als sie per Rad zur Anlegestelle der Fähre nach Tau fuhren, zeigte sich der Morgen von seiner heiteren Seite.

Nach kurzer Überfahrt und einer Radtour von etwas über 20 km hatten sie die Prekestolen-Hütte erreicht. Ihre Räder hatten sie einfach an einen Felsbrocken gelehnt und den etwa neunzig Minuten dauernden Anstieg zur Plattform begonnen.

Der Weg führte nur teilweise steil bergauf und war trotz vieler Steine und Wurzeln von ihnen gut zu meistern. Sie waren ohne Gepäck unterwegs.

Bald wurden Waldbestände durch vereinzelt stehende Birken abgelöst, das Gras versickerte in Geröllfeldern, sumpfige Hochmoore begleiteten den Pfad.

Als sie das Plateau des Prekestolen erreicht hatten, waren sie überwältigt.

Ein phantastischer Blick auf den Lysefjord und die dahinterliegende Bergwelt tat sich vor ihnen auf.

Unten im blauen Wasser tuckerten kaum erkennbar Fischerboote.

Wie blank gescheuert grüßten die hellen Felswände, die steil aus dem Fjord aufstiegen.

Hans wusste noch genau, wie er sich überwinden musste, um sich dem Rand der Plattform zu nähern. Die letzten Meter war er auf Händen und Füßen gekrochen und er war froh, dass er sich wenigstens an einer kurzen Eisenstange festhalten konnte, die einsam und ohne erkennbaren Verwendungszweck in einer Felsspalte steckte. Sie ermöglichte ihm gerade noch, einen zaghaften Blick in die unmittelbar vor ihm gähnende Tiefe zu werfen.

Es war ein Abgrund, schaurig, Angst einflößend und bewundernswert schön zugleich.

Anfangs waren sie fast allein.

Später trafen junge Sportler ein, die an einem nahe gelegenen Felsen ihre Kletterkünste demonstrierten.

Zunächst hatte es damals leicht zu regnen begonnen, dann immer stärker.

Sie waren in Norwegen, noch dazu an der Westküste.

Der Abstieg wurde beschwerlicher als der Aufstieg.

Glitschig die Felsen, nass die knorrigen Äste auf dem abschüssigen Weg.

Die Sicht wurde immer schlechter.

Mit Mühe und nur mit der Unterstützung eines leichten Rückenwindes gelangten sie mit ihren Rädern noch rechtzeitig zur Fähre in Tau.

Bei strömenden Regen hatten sie den Zeltplatz erreicht.

Am nächsten Tag wollten sie nach Bergen aufbrechen.

Der Regen geblieben – Norwegen, Westküste.

Längere Zeit hatte Hans über die Bemerkung des Norwegers nachgedacht, dass der Prekestolen noch nie Ausgangspunkt eines Selbstmordversuches war.

Selbstmord – welch ein unheimlicher Gedanke.

Was mochte oft noch junge und gesunde Menschen dazu treiben, ihrem Leben selbst ein Ende zu setzen?

Unter welchen inneren Zwängen stehen sie, selbst wenn sie noch viel Lebenszeit vor sich haben?

Man weiß es nicht.

Auch in ihrem engeren Umfeld hatten ihnen innig vertraute Menschen urplötzlich und völlig unerwartet ihrem Leben ein Ende gesetzt.

Sie waren gerade von einer Tour mit Rädern und Zelten in Begleitung eines guten Freundes aus Frankreich zurückgekommen, als sie völlig unerwartet eine solche Schreckensnachricht erreichte.

Die Frau eben dieses Freundes setzte ihrem Leben selbst ein Ende.

Kurz vor ihrer geplanten Reise hatten sie noch heiter zusammen am Kaminfeuer gehockt, notwendige Vorbereitungen und Reiserouten diskutiert, viel gelacht und gescherzt, über das Wiederkommen gesprochen, denn sie, die Frau, konnte und sollte an dieser mehrwöchigen Reise, die durch die Provence, die Cote d´Azur und die Heerstraßen der „Route Napoleon" führte, nicht teilnehmen.

Das Unternehmen dauerte fast eine Woche länger als ursprünglich geplant.

Die französischen Bahnbeamten hatten sich geweigert, die Räder in Züge zu verladen. Und so musste Hans mit seinen beiden Begleitern von Antibes aus den Spuren des Korsen folgen, der am 15. März 1815 von Elba kommend mit fast 1000 Soldaten von Golfe-Juan über Grasse, Digne Gap und Sisteron bis Grenoble marschierte. Es wurde am Ende einer erlebnisreichen Reise mit ihren schwer beladenen Rädern, eine Fahrt mit schweißtreibenden Anstiegen und rasanten

Abfahrten auf serpentinenartigen Straßen. Sie quälten sich über den 1248 m hohen Col Bayard, fuhren vorbei an der riesigen Kalkfelswand in Castellane, kämpften mit eisigem böigem Gegenwinden auf einer letzten fast 150 km langen Etappe bis Lyon.

Wenige Tage nach ihrer Heimkehr war die Frau des Freundes nicht mehr am Leben. Sie hatte ihn selbst bestimmt, den Zeitpunkt für den Beginn ihrer eigenen letzten Reise, von der es keine Rückkehr mehr gibt.

Und Hans grübelte über Motive, über mögliche Ursachen, über Versäumnisse.

Hatte sie die Wochen des Alleinseins nicht ertragen können?

Denn Hans war es gewesen, der seinen Freund überredet hatte, sich ihrer Tour, die für Außenstehende den Reiz eines Abenteuers haben musste, anzuschließen.

Damals hatte es der Freund gern getan, später jedoch nie wieder.

Immer wieder hatte Hans sich Vorwürfe gemacht, unberechtigt sicher, aber sie kamen immer und immer wieder, diese Gefühle der Ohnmacht und die nagenden Selbstzweifel.

Wirst du je selbst in eine so verzweifelte Lage geraten können, dachte Hans.

Man weiß zu wenig von sich und noch viel weniger von anderen Menschen, ihren Gefühlen, ihren Gedanken, ihren Sorgen und Freuden, ihren Sehnsüchten und unerfüllbaren Träumen, ihrer inneren Verzweiflung und ihrer Ausweglosigkeit, ihren Depressionen und Ängsten.

Und selbst Menschen, die ihm am nächsten standen, würden ihm möglicherweise ihre letzten, innersten und intimsten Gedanken nicht offenbaren.

Ob es gut ist, dass es noch eine solche letzte Schranke gibt?

Langsam, nur sehr langsam konnte sich Hans von seinen Gedanken lösen.

Unweit der Brücke fanden sie an einem ruhigen Platz einen groben Tisch mit einer Bank, gerade richtig für ein zweites Frühstück. Noch war es viel zu zeitig für eine Rückfahrt nach Bodoe. Aber da war ja noch die Halbinsel Straumoya, die sie auf schmalen Wegen zu erkunden begannen.

Sie waren allein, sehr allein. Nur ganz selten fuhren sie durch kleine, aus nur wenigen Gebäuden bestehenden Ortschaften. Es erschien ihnen, als wollten sich die scheinbar unbewohnten Häuschen wegducken.

Elise hielt immer öfter an, weil sie botanische Kostbarkeiten entdeckt hatte: Wollgras, Lilienarten, Sumpfgewächse, Orchideen.

Es war eine Farbenpracht hoch im Norden, wie sie die beiden Reisenden in ihrer Heimat noch nie erlebt hatten. Die Natur explodiert, sobald die Wochen des ständigen Sonnenlichtes beginnen. Es ist, als wollte sie alle Versäumnisse der Polarnacht korrigieren.

Auf der Rückfahrt nach Bodoe auf nunmehr bereits bekannten Straßen erlebten sie erneut, wie rücksichtsvoll norwegische Autofahrer sind.

Radfahrer sind im hohen Norden Exoten, man bringt ihnen Respekt entgegen.

1.6 Überfahrt nach Moskenes

Es hatte die ganze Nacht geregnet und regnete noch immer.
Sie beschlossen, die Überfahrt zu den Inseln der Lofoten dennoch anzutreten.

Lofoten, dachte Hans, unser Traumziel.
Und er erinnerte sich an die Erzählung eines guten Freundes, der vor vielen Jahren mit seinem Auto abends am Moskenes-Kai in Bodoe angekommen war.
Die letzte Autofähre zu einer der Lofoteninsel hatte wenige Minuten zuvor abgelegt.
„Wir haben drüben in einem Hotel gebucht. Was sollen wir tun?", fragte er ratlos einen Mann am Kai.
„Nutzen sie doch ein Fischerboot", war die trockene Antwort.
„Und unser Auto?"
„Das lassen sie einfach hier stehen, es wird morgen mit der ersten Fähre mitgenommen."
„Wie wird das möglich sein?"
„Natürlich müssen sie den Autoschlüssel stecken lassen."
„Und unser Gepäck?"
„Bleibt im Auto, eine Zahnbürste können sie ja mitnehmen."
Und tatsächlich; als sein Freund am nächsten Morgen aus dem Fenster seines Zimmers schaute, entdeckte er sein Auto unversehrt vor dem Hotel.

Das muss ein Land sein, dachte Hans damals, ein Land voller landschaftlicher Schönheiten, ein Land mit unkomplizierten, einander vertrauenden Menschen. Dieses Land wollten sie kennen lernen und sie hofften, dass auch zwanzig Jahre nach jenem Gespräch die Türen in Norwegen nachts noch immer offen standen.

In ihrer Heimat war daran nicht zu denken. Einbrüche nahmen zu, erwerbsmäßig agierende Banden übten Gewalt aus und beschränkten sich nicht nur auf Eigentumsdelikte. In Großstädten wurden nachts zunehmend Autos abgefackelt, die Aufklärungsquote blieb gering, Sicherheitsfirmen hatten Hochkonjunktur.

Und mitunter dachte Hans darüber nach, ob es nicht zweckmäßig wäre, eine kleine Alarmanlage in seinem Haus installieren zu lassen, die unwillkommene Gäste abschrecken könnte.

Böiger Wind kam auf.
An Bord der Fähre wurden die Räder verzurrt.
Es war auch notwendig. Eine heftige Brise ließ das Schiff schlingern.
Sie nahmen vorsorglich in der Mitte einer Cafeteria Platz und erwarteten erste Anzeichen einer Seekrankheit. Erstaunlicherweise blieben sie aus.

Auf dem vorderen Deck trafen sie einen professionell ausgerüsteten Radreisenden.
Er entpuppte sich rasch als einer der Exoten im Reiseland Norwegen.
Über die Maßen groß und stark war er und etwa vierzig Jahre alt.
Und er wollte bis zum Nordkap radeln.
Von Frankfurt aus war er nach Oslo geflogen, hatte dort für einen beschämend hohen Preis die Kiste, in der er sein Fahrrad für den Flug verpackt hatte, deponiert und war dann bis Bodoe mit dem Rad unterwegs gewesen..
Drei Monate hätte er Zeit, erzählte er. Und die würde er auch brauchen, um frei und unabhängig Weg und Ziel bestimmend mit Rad und Zelt unterwegs zu sein.
Hans und Elise bewunderten seinen Mut und seine Zähigkeit.
Und auch er akzeptierte ihr Vorhaben, als ein aufeinander eingespieltes Paar wenigstens vier oder fünf Wochen durch Norwegen zu radeln.

Elise erzählte ihm schließlich etwas von einer „nachgeholten" Hochzeitsreise.
Die sonst so zurückhaltende Frau berichtete übrigens sehr häufig über diesen sie bewegenden Umstand, so dass Hans sarkastisch meinte, es wüssten nun wohl alle Bewohner nördlich des Polarkreises, dass Elise demnächst ihre „Goldene Hochzeit" in ihrem Zelt in Norwegen feiern würde.

Zum Abschied reichte ihnen der Riese die Hand.
Sie hatte die Größe einer Schaufel.

Die See wurde ruhiger. Bald tauchten in der Ferne die steil aufragenden Felswände der Lofoten auf, erhaben und drohend zugleich, beeindruckend und Respekt einflößend.
Herb ist diese sich aus den Wogen erhebende Kulisse und majestätisch.
Sie gebietet Stille und Demut.
Näher und näher schob sie sich heran, die furchteinflößende Wand.
Sie füllte den Horizont, grau, felsig, ein unüberwindbares Bollwerk gegen die Macht der vom Meer anrollenden Wogen.
Später entdeckten sie Risse im Grat, erkannten die profilierten Gipfel der wild gezackten Gebirge, Schluchten und Fjordarme.

Am Hafen von Moskenes erstand Hans eine detaillierte Karte von dieser Inselwelt.
Eigentlich war sie überflüssig. Die wenigen Straßen waren kaum zu verfehlen.
Das kleine Örtchen Å ist der südlichste Zipfel der Inselgruppe der Lofoten.
Der Name des Ortes ist kurz, er ist ein Symbol für die Wortkargheit der Norweger.
Hier toben die mächtigen Strudel des Moskenesstraumen, eines extremen Gezeitenstromes, der sich nur eine kurze Ruhepause von wenigen Minuten gönnt, wenn die Ebbe sich in Flut verkehrt oder die Flut in Ebbe übergeht.
Jule Verne und auch Edgar Allen Poe hatten diesem Mahlstrom Schrecken auslösende literarische Denkmale gesetzt.

Diesen Ort steuerten sie zunächst an, ehe sie bei bedecktem Himmel und nachlassendem Wind ihre Räder nach Norden lenkten.
Bunte Holzhäuser säumten ihren Weg, Fischernetze hingen auf Gerüsten, Tauwerk knirschte, die Fangzeit war vorüber, der Dorsch war zum Trocknen aufgespießt.
Fischerdörfer schmiegten sich an Felsen, ihre Ufer wurden von kristallklarem Wasser umspült.

Zweimal begegneten ihnen Norweger auf Rädern mit viel Gepäck.
Hei – ein kurzer freundlicher Gruß.
Er drückte das Gefühl der Zusammengehörigkeit aus.
Es war wie eine flüchtige Freundschaft.
Radwanderer sind in diesen nördlichen Gefilden keine Konkurrenten.
Man ist Gefährte im Augenblick des Vorbeifahrens.

Eigentlich hätten sie über zwei Brücken nach Fredvang und Flakstadt abbiegen können. Die dortigen Zeltplätze etwas abseits der zentralen E 10 waren wenig belegt.

Doch sie hatten dies zu spät erkannt.

So aber gelangten sie nach Ramberg.
Eine große Anzahl von Wohnwagen und Wohnmobilen wie riesige Kühlschränke waren in Wagenburgen zusammengestellt und beherrschten den Campingplatz.
Aus einigen dieser Gefährte erklangen noch lange dumpfe Rhythmen.
Lärm ist Umweltverschmutzung.
Es ist Sommer, es ist die Zeit der Touristen auf der Inselgruppe der Lofoten, deren Besiedlung Jahrtausende zurück liegt.
Doch nun waren die Fremden mit ihren Fahrzeugen eingefallen auf den schier endlos erscheinenden norwegischen Staatsstraßen.

Auf diesem Platz wollten Hans und Elise nicht lange bleiben.

1.7 Blütenpracht und Mitternachtssonne

Der Tag begann heiter, später wurde es ausgesprochen sonnig - das Wetter übertraf alle ihre Erwartungen. Man konnte den hohen Norden sogar in kurzen Hosen und ohne Jacke erleben.

Zwei steile robuste Brücken vor Fredwang betonen das Zusammenspiel von Felsen und Meer. Glasklare Luft; die Farben der Natur wurden immer prächtiger.
Und wieder bewunderten sie die Blütenpracht des Nordens.
In der kurzen Zeit, in der die Sonne ununterbrochen Licht und Wärme verschenken kann, will die Natur ihre Herrschaft ausüben, ihren Glanz und ihre Schönheit zur Schau stellen.
Das Grün der Wiesen wurde von unzähligen weißen und gelben Blüten verzaubert.
Braune und rötliche Farbtöne beherrschten die Hänge.
Bemooste Steine leuchteten goldfarben in den Strahlen der tief stehenden Sonne.

Und so erkundeten sie die südlichste Insel der Lofoten, fuhren nach dem winzigen Ort Nusfjord, wo glattpolierte Felsen wie riesige Nüsse im Meer lagerten, warfen einen Blick in das idyllisch gelegene Glas- und Keramikmuseum in Vikten.
Der kleine Ort lag am Ufer einer Bucht. Blickte man über das Wasser, so konnte man in blauem Licht die Gebirgszüge der Insel erkennen.
Und dort, wo sich Wasser und Berge zu berühren schienen, hauchte ein feiner Nebel zarte Streifen auf das Meer.

Es war ein ungewöhnlich heiterer Tag.

Elise genoss alle seine Facetten. Oft musste sie Hans auf interessante Motive aufmerksam machen, denn mitunter schwirrten ihm unkontrolliert Gedanken durch den Kopf, scheinbar wichtige, aber auch offensichtlich überflüssige, Erinnerungen, Pläne, Probleme. Er fuhr halbwach, manchmal sah er die Landschaft nur im Unterbewusstsein vorbei ziehen.

Aber auch das gehört zum Reisen.

Ihr Weg führte an Flakstadt vorbei. Eingerahmt von hohen Felsen war auf einer Wiese ein Friedhof angelegt worden, unweit von einem Kirchlein und zwei oder drei Häusern.

Die beiden Reisenden stellten ihre Räder am Straßenrad ab.

Ein Friedhof, ein Ort für die Menschen, die es nur noch in den Gedanken der Zurückgebliebenen gibt.

In sich gekehrt nahmen sie die Stimmung wahr, die von dieser Stätte der Ruhe ausging: Keine Friedhofsmauer, keine Grabhügel, keine Wege durch die locker verteilten Reihen der bescheidenen, niedrigen Grabsteine mit ihren schlichten Inschriften, ein Name, eine Jahreszahl.

Geschmückt wurden sie allein durch einen Strauß bunter Blumen.

Ruhe und Zeitlosigkeit, erhabene Felsen auf der einen, tiefblaues Wasser auf der anderen Seite – hier könnte man bleiben.

Und wieder dachte Hans an seine jüngste Tochter Bärbel, die sich von allen und von allem trennen musste, als die schönste Zeit ihres Lebens angebrochen war, eine Zeit zusammen mit ihrem damals gerade drei Jahre altem Sohn, eine Zeit, in der sie gereift und dennoch so wunderbar jung war, eine Zeit, in der sie sich in einem großen Kreis von interessanten Menschen mit natürlichem Charme bewegte, geachtet und bewundert, verehrt und geliebt.

Und so manches kann ich auch heute noch von Bärbel lernen, sagte sich Hans.

Dem Leben zugewandt sein.

Viele gute Freunde haben.

Auch harten Anforderungen ihren Reiz abgewinnen, sie mit Ruhe und Geschick meistern.

Nicht so viel grübeln, nicht so viel reden.

Die Natur lieben, ihre Schönheiten sehen und genießen.

Freude daran haben, für andere da sein zu dürfen, für sie sorgen zu können.

Nicht ängstlich sein.

Wieder und wieder hatte Hans versucht, sich in die Welt seiner jüngsten Tochter hinein zu versetzen, sich gefragt, welche Versäumnisse er begangen, ob er sich zu wenig um sie gesorgt hatte.

Wir können sie nicht mehr fragen nach ihren Zielen, ihren Sehnsüchten, ihren Urteilen über die Menschen, mit denen sie zusammen lebte, nach ihren geheimen Gedanken und Wünschen.

Sie sind erloschen, ihre Träume und Hoffnungen, nichts ist geblieben von ihrer Gedankenwelt, doch es hat sie ja gegeben.

Wovon hat sie geträumt, als sie, noch Kind, im Garten für sich spielte?

Wonach hat sie sich gesehnt?

Genügten ihr die Blumen und die Wiese und der Wald und ihr Fluss mit den Reitern am Ufer und die Geschwister?

Am Anfang schon – vielleicht.

Sie hat über ihre Sehnsüchte nie gesprochen.

Sie war sie selbst, bereits als Kind.

Eltern müssen nicht alles wissen.

Wir wussten wenig, vielleicht zu wenig.

Wir wussten, dass man sich auf sie verlassen konnte. Reicht das?

Und als sie den Vater ihres Sohnes kennen lernte? Hat sie ihm ihr Innerstes offenbart?

Eltern müssen auch das nicht wissen.

Einem einzigen Menschen hatte sie sich vollständig hingegeben, ihrem Sohn, schon als sie seine ersten Bewegungen in ihrem Leib spürte.

Psychologen vertreten die Auffassung, die Gegenwart sei im Leben eines Menschen stets nur ein Zeitfenster von wenigen Sekunden. Danach sind Ereignisse und Eindrücke Bestandteil der Vergangenheit, sie verschwinden wie in einem immer dichter werdendem Nebel.

Man müsste diesen Nebel durchdringen, sagte sich Hans, wir müssen die Bilder wieder auferstehen, Vergangenes wieder lebendig werden lassen.

Und wir sollten denken und handeln wie Bärbel es getan hätte, dann kann man wohl keine großen Fehler machen.

Nur langsam konnte sich Hans von seinen schwermütigen Gedanken, von seiner Flucht in vergangene Zeiten lösen.

Zögernd bestiegen sie ihre Räder.

Ihr Zelt schlugen sie in der Nähe eines kleinen Baches auf.

Es war spät geworden.

Doch es war einer der Tage, an denen die Nacht auf Reisen ist. Und so stiegen sie noch einmal über hügeliges Gelände bis zu einer kleinen Erhebung.

Ein Feuerball stand über dem Horizont.

Die Felswand hinter ihnen schien im farbigem Licht der Sonnenstrahlen zu ertrinken, leuchtete in einem Spektrum aus Gelb und Rot, aus Blau und Violett.

Sie bestand aus flüssigem Gold. Und ein glänzender Streifen führte vom Horizont direkt bis zu ihren Füßen.

Schweigend ließen sie sich von dem Phänomen der Mitternachtssonne verzaubern. Die Gipfel zeigten sich in der glasklaren Luft plastischer als je zuvor auf ihrer Reise und grenzten sich scharf von den dunklen Schatten der Tälern ab.
Vor ihnen breitete sich majestätisch das Meer aus.
Sie genossen die Fülle des Sommers auf den Lofoten.
Er dauert knapp drei Monate.

1.8   Der Tunnel

Kurz nach Napp mündet die E 10 in ein tiefschwarzes Loch.
Es traf sie unerwartet.
Sie blickten in einen Schlund, der in die Unterwelt zu führen schien.
Offenbar hatten kühne Norweger einen Tunnel unter dem Fjord gebaut.

Die Fähre war nicht mehr in Betrieb. Also war die Benutzung des Tunnels die einzige Möglichkeit, weiter nach Norden zu kommen.

„Durch einen unbekannten und unbeleuchteten Tunnel fahre ich nicht", stellte Elise unmissverständlich fest, „und es ist überhaupt töricht, keine Angst zu haben."

Hans schwieg.

Er konnte nur mit erheblicher Mühe an der linken Tunnelseite eine von der Fahrbahn abgesetzte, schmale Spur erkennen, die man offenbar für wagehalsige Radfahrer angelegt hatte.

Sie war kaum einen Meter breit.

Von den Tunnelwänden rieselte Wasser und machte die schmale Fahrspur nass und glitschig.

Ein wenig Angst gehört dazu bei unseren Radreisen, dachte Hans, sie ist ein Schutz, sie bewahrt uns vor allzu leichtsinnigen Abenteuern.

Lange noch saßen sie in der Sonne und beobachteten die Tunneleinfahrt, die auf sie wie der aufgesperrte Rachen eines unberechenbaren Raubtiers wirkte.

In größeren Abständen tauchten die Lichter von Autos in der Dunkelheit des Tunnels auf, ein untrügliches Zeichen dafür, dass sich irgendwo am anderen Ende eine Öffnung befinden müsse. Eigentlich hatten sie keine Wahl, wenn sie ihre Reiseplanung nicht ändern wollten.

Nach langem Zögern „setzten sie alle ihre Lichter", legten reflektierende Bänder an und warteten unmittelbar am Tunneleingang, bis ihre von der Sonne eingefärbten Brillengläser sich etwas an die veränderten Lichtverhältnisse gewöhnt hatten.

Als sie sich schließlich in den Tunnel hineinwagten, sahen sie zunächst fast nichts.

Wie erwartet fiel die Straße steil ab, um unter dem Fjord die notwendige Tiefe zu gewinnen.

Sie rollten mehr oder weniger stark bremsend auf dem schmalen, gegenüber der Fahrbahn etwas erhöhten Seitenstreifen in die Dunkelheit.

Sie wussten nicht, wie schnell sie eigentlich fuhren.

Sie wussten nicht, wie lang der unterirdische Weg sein würde.

Sie sahen im fahlen Licht der Lampen ihr Vorderrad, links eine nasse Felswand und vor sich drei oder vier Meter ihres Randstreifens.

Nur selten tauchten urplötzlich die Scheinwerfer eines entgegenkommenden Fahrzeuges auf.

In solchen Augenblicken sahen sie nichts mehr.

Elise glaubte, fast eine Stunde gefahren zu sein, ehe die Piste wieder anstieg.

Er wurde steiler und steiler und ein Schimmer von Tageslicht durchdrang die Finsternis.

Endlich gehörte das Sonnenlicht wieder ihnen.

Erleichtert parkten sie ihre Räder am Straßenrand.

Auch von der anderen Seite des Tunnels sah die Einfahrt nicht einladender aus.

Elise weigerte sich deshalb energisch, auch nur darüber nachzudenken, ob man den Tunnel noch einmal durchfahren sollte, um „auf dem Rückweg" wieder die Fähre von Moskenes nach Bodoe nutzen zu können.

Aufwendig angelegte Tunnel, sagte sich Hans, sind allerdings notwendig in der bergigen und von Wasserläufen zergliederten Landschaft Norwegens.

Fjorde müssen unterquert, Berge durchstoßen werden.

Hans erinnerte sich an ihre erste Radreise durch dieses Land. Bei Stahlheim mussten sie die E 16 verlassen, weil die Fahrt durch einen kilometerlangen Tunnel mit regem Autoverkehr viel zu gefährlich gewesen wäre. Also wählten sie die alte Straße über den Berg mit mitunter fast 20% Steigung. Vierhundert Höhenmeter waren zu bewältigen. Die Ketten lagen auf dem kleinsten Ritzel. Oft mussten sie die Räder schieben.

Ihre Hoffnung auf einen nur spärlichen Autoverkehr wurde enttäuscht. Ein Reisebus nach dem anderen quälte sich, mächtige Rußwolken ausstoßend, die Steigung hinauf. Den Touristen - oftmals Japaner - sollten wohl die überwältigenden Blicke über die Berge und in die tief unten liegenden Täler nicht vorenthalten werden.

In Leknes, einem etwas größerem Ort, hatte man Jahrmarktsbuden, Karussells und eine Gespensterbahn aufgebaut. Elise, die ihre Ängste inzwischen überwunden hatte, wollte ihren nun seit einigen Tagen unrasierten Begleiter als Geist an den Betreiber verkuppeln.

Doch es bestand kein akuter Bedarf an Gespenstern.

Obwohl die Postschiffe der Hurtigruten planmäßig in Stamsund anlegen, erschien der Ort wenig einladend. Es gab ein Militärmuseum und einen Bau, an dem in großen Lettern „Theater" stand. Einsam und etwas trostlos wirkte das Städtchen.

Eine junge Frau saß verlassen und offenbar schon länger wartend an der Anlegestelle.

Ihre sehnsüchtigen Blicke verrieten ihr Interesse an einem Gespräch.

Doch sie blieb einsam.

Eine schmale Nebenstraße nach dem winzigen Ort Steine war frisch asphaltiert und durchgehend mit Straßenlampen versehen.

Kaum noch erkennbare Überreste eines Klosters lagen unweit des Sträßleins.

In Storfjord schlugen die beiden Reisenden ihr Zelt auf.

Es war ausgesprochen ruhig an jenem Fleck.

Sie duschten gemeinsam und hatten viel Spaß dabei.

Zudem war noch ein tüchtiger Schluck Cognac in der grünen Flasche.

Und damit beglückwünschten sich die beiden nochmals zu ihrer erfolgreichen Tunneldurchfahrt.

Am frühen Morgen des nächsten Tages traf ein junges Paar, beladen mit schweren Rucksäcken, auf dem Campingplatz ein.

Es stand noch am Anfang einer Norwegenreise und mussten bereits an deren Ende denken.

Bis Bodoe waren die beiden jungen Leute geflogen, dann mit dem Expressboot nach Svolvaer übergesetzt und mit einem Taxi zum nächsten Zeltplatz transportiert worden.

Mit dem Bus gelangten sie schließlich nach Storfjord.

Und auf gleiche Weise wollten sie nach Ramberg fahren. Nun hatte ihre Reisekasse bereits ein beträchtliches Loch bekommen.

Und viele Schönheiten am Wegesrand waren den jungen Leuten entgangen.

Sie hatten die Landschaft lediglich am Busfenster vorbeifliegen sehen.

Es ist wie in einem Stummfilm, man hört nichts von den Geräuschen der Natur, man riecht nichts, man sieht kaum etwas, keine Vögel, keine Blumen, nicht einmal eine streunende Katze oder einen empörten Hund.

Elise versuchte sie zu trösten.

Es gelang ihr schlecht.

Das Wetter änderte sich, es war bedeckt und wurde deutlich kälter als in den vergangenen Tagen.

Gegenwind erschwerte die Fahrt in Richtung Eggum.

Als die Straße plötzlich endete, legten die beiden ihre Räder auf eine Wiese und wanderten bis zu einer bereits angekündigten Skulptur.

Auf einem Sockel thronte ein Kopf.

Er schaute aufs Meer.

Bildhauerkunst fernab jeglicher Zivilisation.

Das leistete man sich offenbar in Norwegen.

Es war überaus einsam an dieser Stätte, nur einige Schafe suchten, das Kunstwerk ignorierend, auf den von Steinen übersäten Wiesen mühsam ihre Nahrung.

Rückenwind trieb sie später vorbei an einem Museum in Form eines umgedrehten Wikingerschiffes. Ein bunt gefüllter Souvenirladen bot nichts von dem, was sich lohnte, auf Rädern mitzunehmen.

Selbst auf ein wärmendes Rentierfell konnten sie verzichten.

In Leknes saß der Chef der Geisterbahn noch immer in der Sonne und wartete auf Besucher; oder vielleicht doch auch auf Gespenster.

Am nächsten Morgen änderte sich das Wetter erneut.

Es ist üblich so in Norwegen. Sie wussten es.

Bei strahlendem Sonnenschein brachen sie auf.

Das Zelt konnte trocken abgebaut und eingepackt werden.

Svolvear war ihr Ziel.

Ein radfahrendes Paar, nicht mehr sehr jugendlich, in leuchtenden grüngelben Jacken und ohne Gepäck, grüßte freundlich im Vorbeifahren.

Es sollte nicht die letzte Begegnung bleiben.

Die eigenwillig konstruierten Brücken auf dem Weg zu der im Nordwesten gelegenen Insel Gimsoya wirkten imponierend.

Kurz und steil überspannten sie die Gewässer. Sie mussten es in einem imposanten Bogen tun, um den Schiffsverkehr auch bei hohem Wasserstand nicht zu blockieren.

Und wieder bezauberte die traumhaft schöne Landschaft mit ihren Buchten und Klippen: Blütenteppiche im Vordergrund, tiefblaues Wasser von unglaublicher Faszination vor einer Bergkette im Südosten.

Später prägten auch Torfmoore den Landstrich, er nahm den Charakter einer arktischen Tundra an.

Weit im Norden der Insel fanden sie eine kleine Verkaufsstelle, nüchtern und spartanisch eingerichtet. Außerordentlich spärlich war auch das Angebot.
Doch Milch und Knäckebrot genügten den beiden Radfahren.
Einige Kilometer weiter erreichten sie erstaunlich abgeschieden am Rande eines Schotterweges einen hervorragend gepflegten Golfplatz. Hans und Elise kamen auf diesen steinigen Wegen nur langsam voran. Die Norweger jedoch erreichen mit ihren geländegängigen Fahrzeugen den Platz mühelos.
Golf spielen - für Hans hatte dies etwas mit Reichtum und Müßiggang zu tun.
Und er dachte an ihre Radtour an der Westküste Schwedens, an der ein Golfplatz am anderen zu finden war; gepflegter Rasen für die kleinen weißen Bälle.
Riesige Areale gingen als Acker- oder Weideland verloren.

Auf ihrer Karte war ein Campingplatz bei Kabelvag eingetragen.
Das Gelände bestand aus mehreren Bereichen, teils unmittelbar am Fjord gelegen, teils auf einer kleinen Anhöhe.
Diesmal war es wieder ein Standort, an dem sich Wohnmobile aus aller Herren Länder trafen.
Der Platz füllte sich am Abend immer mehr.
Zwei der weißen Ungetüme parkten unmittelbar neben ihrem winzigen Zelt.
Teils spöttisch, teils überheblich schauten ihre Bewohner auf die erbärmlich wirkende Unterkunft der Radreisenden herab.
„Es ist eine andere Sorte von Touristen", sagte Hans, „man sollte sie ignorieren."

Es war eine lange Fahrt gewesen an diesem Tag, über hundert Kilometer mit schwerem Gepäck.
Elise hatte klaglos mitgehalten.
Sie ist zu bewundern, dachte Hans erneut, wegen ihrer Unbekümmertheit, ihrem Sinn für die praktischen Dinge, ihre Umsicht und ihre Ruhe auch in schwierigen Situationen.
Ohne sie wäre ich verloren. Eigentlich müsste ich es ihr wieder einmal sagen.
Es wurde kälter.
Sie mussten ihre Jacken aus dickem Vlies aus den Packtaschen holen.

1.9 Im Venedig des Nordens

Es war stürmisch und kalt geworden, am Himmel über Kabelvag türmten sich schwarzgraue Wolken.
Doch es war trocken.
Sie hielten solche Bedingungen dennoch für ein fast ideales Radfahrwetter bei ihrer Tour hoch im Nordwesten Norwegens.

Für die Fahrt zum Hafen von Svolvear benötigten Hans und Elise weniger als eine Stunde.
Blauschwarz und undurchsichtig, fast drohend wirkte das Wasser im Hafenbecken an diesem Tag, düster und abweisend erschien ihnen der ganze Ort.

An der Anlegestelle entdeckte Elise den Plan für die Abfahrtszeiten der Expressboote.
„Wir müssen bereits kurz nach Mitternacht beginnen, unser Zelt abzubauen."
„Eine bessere Nachricht hast du wohl nicht", erwiderte Hans.
„Die einzige Fähre nach Bodoe legt kurz vor 6 Uhr ab."
„Dann lass uns den letzten Tag auf den Lofoten sinnvoll nutzen."

Und beide waren sich über ihr Ziel einig.
Henningsvaer war als „Venedig des Nordens" bekannt.
Diesen Küstenort wollten sie aufsuchen.

Doch da war noch ein Supermarkt, der mit schriller Werbung lockte.
Sie konnten nicht widerstehen: Nüsse, Bananen, Knäckebrot, anschließend noch zwei Tassen Kaffee und ein Joghurt.
Man konnte leichtsinnig werden.
Wieder mussten sie einen Tunnel durchfahren.

„Harmlos", lachte Elise.
Und tatsächlich war dieser Weg durch ein Gebirgsmassiv nur wenige hundert Meter lang und gut beleuchtet.

Das Wetter wurde ungemütlicher.
Die Berge um Henninsvaer hatten sich dicke Wollmützen übergezogen.
Der Wind biss in die Wangen.

Von einem nahezu leeren Hafenrestaurant wurden Fische, Muscheln und Krabben angeboten. Doch bei dem tristen Wetter blieben Tische und Stühle am Ufer leer.
Im Hafen drängten sich derbe Fischerboote und vor allem Segeljachten mit hoch aufragenden kahlen Masten so eng aneinander, als wollten sie sich gegenseitig schützen.
Tauwerk knirschte, Boote stöhnten.
Vielleicht wollten sie wieder hinaus aufs Meer.
Doch noch ist die Nacht nicht zurück gekehrt.
Noch ist das Fieber nicht ausgebrochen, das die Fischer zu Dorsch und Kabeljau treibt.
Noch sind viele der Fischerhütten zweckentfremdet und von neugierigen Touristen erobert.

Auf einer Brücke über einen Wasserarm wurden sie von einem Touristenpaar angesprochen.
Ob man sie denn erkennen würde?
Warum wir sie verfolgt hätten?
Sie wären ihnen auf Rädern und in ihre grüngelben Warnwesten schon mehrfach begegnet.
Sie berichteten, dass sie - anders als Hans und Elise - seit mehr als drei Monaten mit ihrem Wohnmobil unterwegs seien.
Nur gelegentlich würden sie ihre Fahrräder nutzen.
Nachdem sie sich bei Elise und Hans über deren Pläne und Reisemodalitäten informiert hatten, wollten sie die beiden Alten unbedingt noch ablichten, was ihnen gnädig gewährt wurde.
Doch dann trennten sich ihre ungleichen Wege für immer.

Henningsvaer, das Venedig des Nordens, was hat es mit dem sonnigen Venedig des Südens gemeinsam?

Vor sieben Jahren hatten sie den Entschluss gefasst, mit den Rädern nach Venedig zu reisen.

Es war im Mai.

Zweieinhalb Jahre früher hatte ihre Tochter Bärbel diese Stadt besucht, zusammen mit Freunden.

Sie war damals bereits todkrank.

Es war ihre letzte Reise, eine Fahrt in den Tagen eines Jahreswechsels.

Sie ahnte bereits, dass sie das Ende des neuen Jahres nicht mehr erleben würde.

Dennoch hat sie die Strapazen der Reise auf sich genommen.

Noch einmal wollte sie mit guten Freunden zusammen sein, Unbekanntes erleben, Abschied nehmen.

Viele ihrer Bekannten hatten sie damals nicht verstanden, andere gewarnt.

Hans und Elise versuchten nicht, sie zurück zu halten.

Sie hätten es auch nicht gekonnt.

Bärbel hatte sich entschieden.

Auch deshalb wollten sie den Spuren ihrer Tochter folgen.

Es war wie ein innerer Zwang.

Sie begaben sich auf eine Pilgerfahrt mit Rad und Zelt und Schlafsack nach Süden. Von Innsbruck aus waren sie zum Rechenpass gefahren und hatten die Alpen überquert.

An der Etsch entlang führte ihre Reise zum Gardasee und weiter über Verona, Vicenza, Padua bis zum Brenta-Kanal mit den vielen prächtigen Renaissance-Villen.

Vor allem das Verlassen der Innenstädte mit ihren verwinkelten Gassen erwies sich als äußerst schwierig. Ausfallstraßen mündeten häufig in einem Spaghetti-Gewirr von Schnellstraßen und Autobahnen - keine ideale Situation für Radfahrer.

In Fusina schlugen sie auf einem riesigen internationalen Campingplatz nur zwanzig Meter vom Ufer des Adrianischen Meeres entfernt ihr Zelt auf.

Fünfzig Meter weiter verlief die Fahrrinne, mächtige Containerschiffe fuhren fast über die Zeltleinen.

Ob denn auch sie zur „Sandwich-Generation" gehören würden, interessierte ein amerikanisches Ehepaar, zu einer Generation, die sowohl für ihre Nachkommen als auch gleichzeitig für ihre Eltern zu sorgen hätten. Elise berichtete von ihren Kindern und ihrer fast hundertjährigen Mutter. Es entstand spontan eine Atmosphäre ungetrübter Zuneigung.

Mit einem Vaporetto erreichten sie an den abstoßenden Industrieanlagen von Mestre vorbei die Anlegestelle am Canale della Giudecca.

Venedig! Paläste, Brücken, Kirchen, Gassen und kleine Märkte, Geschäfte mit Glaswaren, Hüten, Textilien, Keramik, Fächern, Kanäle mit Gondeln, bunt gekleidete Venezianer, das Gemisch fröhlicher, staunender, drängender fremder Menschen, schließlich der Piazza San Marco, der Markusplatz.

Sie blieben nur kurze Zeit.

Ihre Gedanken an Bärbel, sie waren das am stärksten belastende Gepäckstück auf ihrer Heimfahrt über die alte Brennerstraße zurück nach Innsbruck.

Hans schüttelte den Kopf, versuchte, seinen Erinnerungen zu entfliehen.

Henningsvaer - es erinnerte nur wenig an das Venedig des Südens.

Vielleicht waren es einzelne kleine Kanäle, welche Anlass gaben, an die berühmte Stadt Italiens zu denken.

Andere Gemeinsamkeiten entdeckten die beiden Reisenden nicht.

Der Campingplatz in Kabelvag hatte sich immer mehr gefüllt.

Eine etwas füllige Frau aus einem Wohnmobil beschwerte sich bei Elise.

Ein Kleidungsstück wäre von ihrer Leine gefallen. Sie glaubte, Elise wäre schuld.

Wie kann man nur so aufgebracht sein?

Eine typische Wohnwagentouristin.

Der Streit endete unentschieden. In Fragen des Glaubens gibt es keinen Sieger.

Dennoch machte das Gezänk traurig - es war verlorene Zeit.

Sie schlenderten noch einmal zum Fjord.

Am Horizont zog ein Schiff vorbei.

Es gehörte zur legendären Flotte der Hurtigruten.

1.10   Trondheim - ein Blick über die alte Königsstadt

Bereits kurz vor vier Uhr krochen sie aus ihren Schlafsäcken.
Es war kalt.

Natürlich erreichten sie die Anlegestelle für das Expressboot von Svolvear nach Bodoe viel zu zeitig.
Hans stieg eine Treppe zum Deck des Bootes hinauf.
Niemand schien auf dem Schiff zu sein. Eigentlich sollte man sich in einem der bequemen Sessel des Bord-Cafes ausruhen.
Nach einer reichlichen halben Stunde kamen noch einige weitere Fahrgäste an den Kai, später Besatzungsmitglieder, die zunächst einmal den Zugang zum Schiff absperrten.
Kurz vor sechs Uhr legt das Boot ab.
Im warmen Bord-Cafe konnten sie das ausgefallene Frühstück nachholen.
Ein uniformierter Seemann kassierte das Fährgeld.
Das Ticket für die Überfahrt enthielt die Angaben: 1 Voksen, 1 Barn, 2 Sykkel.
„Barn" - man hatte die in ihrem Sessel schlummernde Elise für ein Kind gehalten.

Hans musste schmunzeln und wurde nachdenklich zugleich:
Meine zierliche Elise ein Kind? Welch fataler Irrtum!
Sie ist für mich der ideale weibliche Partner, nicht nur im Alltag, sondern auch auf unseren spartanischen Reisen. Sie ist fröhlich und unverzagt, jammert nicht, wie steil auch die Anstiege, wie stürmisch die Gegenwinde, wie heftig die Regenschauer sind.
Sie fährt heiter lachend in meinem Windschatten oder bummelt, vergnügt die Landschaft betrachtend, einige hundert Meter hinter mir, wohl wissend, dass ich irgendwann anhalte oder anzuhalten genötigt bin, weil ich ihre Hilfe dringend in Anspruch nehmen muss. Elise sorgt für einen stabilen Aufbau des Zeltes, kümmert sich um die notwendige Ordnung, kocht, wäscht und teilt den Kognak so ein, dass vielleicht auch am letzten Tag der Reise noch ein Fingerhut voll getrunken werden kann. Und auch sonst erfüllt sie mir alle meine Wünsche - fast alle.

Die See war ruhig.
Nach reichlich drei Stunden hatten sie wieder festen Boden unter den Füßen und noch viel Zeit bis zur Abfahrt des Zuges nach Trondheim.
Nun hatten sie Abschied genommen von den Lofoten. Es war so etwas wie eine zarte Freundschaft entstanden zwischen ihnen und dieser Inselgruppe.
Ob sie halten würde?
Sie konnten es nur hoffen.

Das Wetter war trist.

Sie bummelten durch die Hafenanlagen.

An mehreren Brückengeländern entdeckten sie recht merkwürdige Skulpturen. Es waren majestätische Granitblöcke, durch die man untertassengroße Löcher gebohrt hatte. Sie glichen einem überdimensionalen Schweizer Käse.

Über Kunst soll man nicht streiten.

Geduldig wartete der Zug auf einem der Bahnhofsgleise.

Er sah aus wie ein großes, rotes, wurmartiges Tier, zuweilen etwas schläfrig mit den Augen blinzelnd, doch selbstbewusst und von seiner Unbezwingbarkeit überzeugt.

Im bunten Gemisch der Reisenden überbrückte jeder die Wartefrist auf seine Weise. Dicke Männer schnarchten in abgeschabten Sesseln liegend, eine betagte Dame blätterte oberflächlich in einem bunten Magazin, dunkelfarbige Kinder rannten vergnügt kreischend durch den Wartesaal, drei alte Frauen spielten Karten, eine andere mühte sich vergeblich am Fahrkartenautomaten.

Und jeder ließ jeden gewähren.

Zum Verladen ihrer beiden schweren Räder in den gewaltigen, hochbeinigen Gepäckwagen benötigten die beiden Reisenden fast eine Kletterausrüstung.

Und wieder kosteten sie die abenteuerliche Fahrt mit der norwegischen Eisenbahn aus.

Auch sie gehörte zu den Urlaubserlebnissen.

Die Landschaft glitt vorbei, schneebedeckte Berge, Fjorde, Fjellgebiete, später auch Wälder, die man auf den Inseln der Lofoten nicht mehr finden kann. Sie wurden dort vor Jahrhunderten abgeholzt, um Boote und Häuser bauen zu können. Doch dann schliefen beide fest ein, in die mausgraue Decke gewickelt und den Augenschutz im Gesicht.

Ankunft in Trondheim am zeitigen Morgen.

Die Sonne schien.

Es dauerte eine geraume Zeit, bis sie ihre Räder aus ihrem eisernen Verlies befreien konnten.

Ein überaus zuvorkommender Bahnbeamter übergab den beiden Fahrradreisenden einen Stadtplan und beantwortete geduldig alle ihre Fragen.

Ein beliebter Campingplatz läge im Südwesten von Trondheim, etwa fünfzehn Kilometer vom Bahnhof entfernt.

„You are welcome to Flakk-Camping" war dessen letzte Botschaft, die Hans auf eine Anfrage vor ihrer Reise per E-Mail erhielt.

Der Zeltplatz lag wunderschön am Trondheim-Fjord.

Er war wenig belegt.
Shower free.
Schiffe der Hurtigruten fuhren täglich vorbei.
Duschen, rasieren, Wäsche waschen, sonnen, träumen.
Sie wollten mindestens drei Tage bleiben.

Mittags fuhren sie in die alte Königsstadt.
Es ist außerordentlich zweckmäßig, mit Rädern eine Stadt zu erkunden.
Man kann überall anhalten, schauen, staunen, sich ausruhen.
Man kann sich Zeit lassen.
Und es war „Fotowetter" an diesem Tag in der alten Königsstadt.
Bunt bemalte Häuser auf Stelzen beeindruckten durch ihre ausgewogenen Farben, Boote dümpelten am Kanal und an der Nidelva, Hafenanlagen mit Yachten und Expressbooten luden zum Verweilen ein.

Und dann standen sie vor dem Nidarosdom, dem Wahrzeichen Trondheims, dem Reliquienschrein des heiligen Olaf.
Jeder der norwegischen Könige wird in diesem Dom gekrönt.
Die norwegische Verfassung schreibt das vor.
Sie hatten Zeit. Ergriffen und voller Hochachtung betrachteten sie das norwegische Nationalheiligtum
Aus dem düsteren Inneren drangen Konzertklänge.
Ein Orchester probte.
Der Dom war offen für jedermann.
Schweigsam und ehrfürchtig erlebten sie die feierliche Atmosphäre.
Elise zündete eine Kerze an - für Bärbel.

Langsam gewöhnten sich ihre Augen wieder an das gleißende Licht.
Die Westfassade des Domes mit ihren siebzig Skulpturen war sonnenüberflutet.
Sie präsentierte ein Potpourri von Heiligen.

Am nächsten Tag zog es sie wieder in diese bunte Stadt am Trondheimfjord.
Am Hafen legte die VESTERALEN ab, ein Vertreter der berühmten Hurtigrutenflotte.
Das Schiff ging nordwärts.
Eine dralle Norwegerin rauchte und weinte. Ihr Mann musste nach kurzem Aufenthalt in Trondheim wieder als Matrose auf dem Schiff seinen Dienst aufnehmen.
Ein älteres Paar - hoch aufgeschossen, hager und grau - schaute bewegungslos und mit stoischer Gelassenheit dem auslaufenden Schiff nach.

Der Souvenirshop des RINGVE-Museums bot zu ihrem großen Entsetzen Geschmacklosigkeiten ohne Ende an. Toilettenpapier, auf das Noten von Werken des Komponisten Edvard Grieg gedruckt wurden, stand nun wahrlich nicht auf ihrer Wunschliste.

Das Universitätsgelände lag auf einer Anhöhe. Sie gewährte ihnen einen freien Blick über eine Parkanlage hinweg auf das Zentrum der Stadt.
Die Hochschulgebäude waren großzügig angeordnet, ein kompaktes Ensemble von soliden, modernen, zweckmäßigen Gebäuden.
Es war Semesterpause.
Die beiden waren allein. So konnten sie die Skulpturen auf den Wegen zwischen den Institutsgebäuden auf sich wirken lassen, die darauf hin deuteten, dass die Universität enge Bindungen zur Technik des Schiffbaus besitzt.
Sie hatten Zeit.
Gemächlich schlenderten sie durch die Innenhöfe und die gepflegten Parkanlagen.
„Hier hätte ich arbeiten wollen", meinte Hans.
„Wolltest du das wirklich?"
„Es ist eine hypothetische Frage. Die früher herrschenden Verhältnisse hätten es nie erlaubt, mich an einer Universität in einem solchen Land um eine Stelle zu bewerben."
„Und wenn du es gedurft hättest?"
„An eine Universität in Afrika hätte ich gedurft. Nach Algerien, den Irak oder schließlich nach Addis Abeba wollte man mich schicken."
„Aber du hast immer heimliche Bedenken gehabt."
Hans schwieg.

Es gibt Augenblicke im Leben, in denen Weichen für die Zukunft gestellt werden.
Im Rückblick ist es allemal vernünftig, vor sich selbst zu argumentieren, dass man
sich richtig entschieden hat. Die Alternative hat man nicht erlebt, man kennt sie
nicht, man kann sie nicht mit einmal getroffenen Entscheidungen vergleichen.
Dass er vor vielen Jahrzehnten aus dem Kreis der für einen Einsatz in Afrika
vorgesehenen Mathematiker gestrichen wurde, hatte er nicht selbst entscheiden
müssen. Er sollte damals ein politisches Amt übernehmen, das ihm äußerst zuwider
war. Man bearbeitete ihn mit Heuchelei und mit verdeckten Drohungen. Er hatte
„nein" gesagt und war dabei geblieben. Ob seine Weigerung tatsächlich als
unmittelbare Konsequenz jene Streichung aus der Gruppe der für eine
Lehrtätigkeit im Ausland vorgesehenen Universitätsdozenten zur Folge hatte,
wusste er nicht. Zu erfahren bekam man die wahren Gründe für eine solche
Aussonderung nie.
Doch er hatte jene Entscheidung mit einer gewissen Erleichterung aufgenommen.
Jahrelang hatten seine Gefühle geschwankt zwischen Neugier und Sorge. Und
ganz im Inneren wusste er um seine Anfälligkeit, um seine Sehnsucht nach der
Familie und dem gewohnten Umfeld, um seine Scheu vor der Einsamkeit.
Es war gut so.
Es war wie eine Befreiung.
Ob er in Trondheim glücklicher gewesen wäre? Wohl kaum. Es war damals ein für
ihn unbekanntes Land, ein Land, das er erst in den letzten Jahren etwas näher
kennen gelernt hatte. Aber nur sehr unvollkommen, denn mit Norwegern hatte er
nur selten gesprochen, war ihnen nur als Tourist begegnet, als einer von
Hunderttausenden. Wie man mit ihnen zusammen arbeiten, zusammen leben
könnte, ob er von ihnen akzeptiert worden wäre, das alles waren „Unbekannte"
einer unnötigen Rechnung. Und mit hoher Wahrscheinlichkeit hätte man ihn in
Trondheim gar nicht gebraucht.

Als ein Regenguss unvermittelt und mit Macht über sie hereinbrach, fanden sie
Unterschlupf und eine gewisse Geborgenheit unter dem überdachten Eingang eines
der Institutsgebäude.
Der Regen wusch die Wege rein, er tränkte Wiesen und Hecken, er war
willkommen. Es war kein Unwetter, kein Wolkenbruch, es war ein satter, ein
segensreicher Schauer.
Sie waren allein mit dem Regen, den soliden Bauwerken und dem Blick über die
nun von Wolken beherrschte Stadt.
Noch immer hatten sie viel Zeit an diesem Sommertag im Norden.
Es war eine sonderbare, eine anregende Stimmung entstanden. Und während Elise
diese Atmosphäre mit all ihren Fasern in sich aufsog, drängten sich Hans
Erinnerungen an längst vergangene Zeiten auf, grüblerische Gedanken über sein
Schicksal, das er nur bedingt beeinflussen konnte.

Ich konnte es mir nicht aussuchen, das Datum meiner Geburt nicht, das Elternhaus nicht, das Land meiner Herkunft nicht und nicht die Gesellschaftsordnung, die in jener Zeit das Land prägte.

Irgendwie und irgendwann ist man plötzlich da.

Man wird hineingeboren, hineingeworfen in ein Gemenge von Bedingungen, die das künftige Leben, das individuelle Schicksal weitgehend bestimmen.

Die ersten Jahre weiß man nichts, weder vom Elternhaus, noch von der Umwelt, weiß nichts vom historischen Charakter jenes Jahrzehnts, in das man hinein geboren wurde.

Erst vielleicht mit acht oder zehn Jahren beginnt ganz behutsam eine Reise in eine noch ungewisse Zukunft, eine Reise, dessen Ziel man noch nicht bestimmen kann, das man noch nicht einmal kennt.

Später, so wurde ihm gesagt, wenn du ein junger Mann zu werden beginnst, würde sich dies ändern. Dann wirst du deinen Lebensweg selbst finden, deine Zukunft selbst gestalten, deine Ziele nach eigenen Vorstellungen festlegen.

Doch man wandelt auch dann auf einem schmalen Pfad, rechts und links begrenzt durch Felsen und tiefe Abgründe. Es wirken viele Einflüsse, die eigenen Stärken und Schwächen, der von Wünschen und Vorstellungen geprägte Einfluss der Eltern, der oft wohlgemeinte, aber nicht immer hilfreiche Rat von Freunden, das individuelle Umfeld, die herrschenden gesellschaftlichen Verhältnisse.

Wie hätte mein Leben verlaufen können, wenn ich fünf Jahre früher geboren wäre? Wahrscheinlich hätte man mich in den letzten Kriegsjahren noch an die Front geschickt, vielleicht wäre ich von dort gar nicht zurückgekehrt. Er erinnerte sich an eine Situation, in der wenige Tage vor Kriegsende alte Männer und Kinder für den Volkssturm herangezogen wurden. Damals konnte er diesem allerletzten Aufgebot gerade noch rechtzeitig entkommen.

Wie hätte ich mich entwickeln können, wenn ich fünf Jahre später geboren wäre? Ich hätte sicher eine solidere Bildung genossen als durch den Unterricht, der an die Mängel der Kriegs- und Nachkriegsjahre gekettet war. Vielleicht hätte ich die Hungerjahre nach dem Krieg besser überstanden, wäre nicht durch völlig unzureichende Ernährung ausgezehrt und in meiner körperlichen Entwicklung weit zurück geworfen worden.

Was wäre aus meiner Reise ins Leben geworden, wenn meine Eltern nicht in Leipzig, sondern in Bonn oder Paris oder vielleicht sogar in Afrika gelebt hätten? Welchen Einfluss hätte mein Vater auf mich ausüben können, wenn er nicht Lehrer, sondern Jurist oder Handwerker oder Kaufmann gewesen wäre?

Es sind Fragen, auf die man keine Antwort finden kann. Doch es sind Fragen, die man sich wenigstens einmal im Leben stellen sollte, spätestens in einem Alter, in dem die eigene Zukunft auf wenige Jahre zusammenschrumpft und im Denken die Vergangenheit an Gewicht gewinnt. Es ist ein Kaleidoskop von Einflüssen, eine Mischung aus Umwelt und Genen, von Erfahrungen und Gedanken, von

Handlungen und Erlebnissen, die das dramatische und oft kaum erklärbare Glücksspiel des Daseins bestimmen.

Es sind vor allem aber auch zufällige Ereignisse, welche die Reise durch das Leben prägen. Der Zufall hatte mich mit neunzehn Jahren in ein kleines Dorf verschlagen, in dem ich Elise kennen gelernt habe. Wie hätte ich mich im Leben zurecht gefunden ohne sie?

Und es war ein Glücksfall, dass ich die kleine Notiz in einer Leipziger Zeitung nicht übersah, in der eine Frau ihr Haus „in idyllischer Lage" zum Kauf anbot. Die Notiz erwies sich als eine unerwartete und glückliche Fügung für die inzwischen fünfköpfige Familie. Sie kauften damals zunächst nur Steine und Erde. Doch in Jahrzehnten entwickelte sich daraus ein lebendiges Wesen mit einer Seele. Sein Wert wird bestimmt durch seine Ausstrahlung, geprägt von Erlebnissen und Erinnerungen. Es war mehr als ein Ort des Wohnens, es war ihre unersetzbare Heimat geworden.

So plötzlich, wie der Schauer aufgezogen war, hatte er sich auch wieder verzogen.
Die Sonne schien erneut über Trondheim.
Sie gab den Blick frei auf den Dom, den Hafen, den Fjord.
Hans kehrte in die Wirklichkeit zurück.

Auf mehreren Umwegen gelangten sie zur Festung Trondheims, ehe sie die Fahrt zurück zum Campingplatz antraten.
Es begann wieder zu regnen.
Wind kam auf.
Ein starker Mann führte einen nahezu aussichtslosen Kampf beim Aufbau eines Riesenzeltes für die Familie.
Seine dralle Frau war ausgesprochen heiter und spielte vergnügt mit ihren drei Kindern.

Hans und Elise zogen sich in ihr kleines Zelt zurück.
Wieder gab es ein kleines Gläschen Cognac.
Es war noch zuviel davon da in der großen grünen Flasche.

1.11 Über sieben Brücken

Wind, blauer Himmel, einige weiße Wölkchen.
Es war warm, ein Tag, an dem man möglichst zeitig aus dem Zelt kriecht.
Packen, ein kleiner Obolus für den Zeltplatzwart - mehr war nicht zu tun.

Der frische Wind wehte aus Nordost, er stand günstig für eine Fahrt nach
Kristiansund. Er würde sie treiben auf ihren Rädern.
Kurze Zeit schwankten die beiden Reisenden, ob sie diese vorteilhaften
Bedingungen nutzen sollten. Doch dann entschieden sie sich für eine Fahrt mit
einer Expressfähre, dem „Hurtigbat".
An der Anlegestelle in Trondheim hatten sie noch etwas Zeit.
Hans bestieg eine kleine Fähre.
Elise machte sich Sorgen, es war das Boot für die Fahrt zur vorgelagerten
Gefängnisinsel.
Doch Hans konnte noch rechtzeitig entkommen.

Sie hatten sich wohl richtig entschieden.
Mit nahezu 60 km/h jagte das Expressboot durch den Trondheimfjord.
Am Heck hatten sie einen günstigen Platz gefunden.
Langsam verschwand die Stadt hinter dem Horizont.
Das Wasser schäumte, Gischt mischte sich mit tiefem Blau, eine zerzauste
Norwegenflagge flatterte im Wind.
Junge Burschen sonnten sich unbekümmert an einer windgeschützten Stelle auf
dem Deck.
Vor ihnen tauchte ein Schiff auf. Es gehörte zur Flotte der Hurtigruten und hatte
zwei Stunden früher in Trondheim abgelegt.
Das Expressboot überholte es mühelos.
Ein alter Norweger saß neben ihnen.
Er hatte schmale, blaugraue Augen, einen drahtigen Körper und große schwielige
Hände.
Sie konnten dies gut erkennen, denn er rauchte unentwegt.
Lange Zeit schwieg er vor sich hin.
Dann streifte er sie mit einem flüchtigen Blick.
Woher sie kämen?
Wohin sie reisen wollten?
Er verstand ihre Antwort und nickte verständnisvoll.
Offenbar schätzte er die Art ihres Reisens.

Für kurze Zeit entstand ein fast freundschaftliches Verhältnis zu diesem rauen, kantigen Norweger.

Sie hatten es nicht erwartet, waren überrascht und erfreut.

Es sind nicht selten gerade solch flüchtige Begegnungen, deren Wärme sich wohltuend ausbreitet und in der Erinnerung festhakt.

Kristiansund empfing sie mit einem sonnenüberfluteten Hafen.

Sie fuhren zu einem nahegelegenem Campingplatz. Ein ruhiger Ort am Rande eines kleinen Felsens war schnell gefunden. Von oben bot sich ein weiter Blick auf die angrenzende Landschaft.

Hans und Elise entschlossen sich zu einer abendlichen Ausfahrt in die Hafenstadt. Sie hatten Kristiansund vor Jahren bereits einmal besucht, zusammen mit einem Berliner Ehepaar, das Norwegen mit dem Auto erkundete und auf Campingplätzen in Hütten übernachtete.

Es war damals eine kurze, aber überaus herzliche Begegnung.

In Kristiansund hatte man eine Vielzahl von stets steil ansteigenden Brücken über die vom Hafen ausgehenden verzweigten Wasserarme gebaut. Die Stadt erinnerte damit viel eher an das sonnige Venedig als das düstere Henningsvaer.
Brücken - über solch schwindelerregende Bauwerke wollten sie fahren, wenn sie ihren Weg nach Süden längs der Atlantikstraße fortsetzen würden.

Elise wies auf eine Kirche.
Sie hatten das Gotteshaus damals entdeckt, als gerade eine Trauung stattfand.
Von einem älteren Kirchendiener wurde ihnen offenbar ganz selbstverständlich empfohlen, der norwegischen Hochzeit beizuwohnen und auf Plätzen im hinteren Teil des Kirchenschiffes Platz zu nehmen.

Am zeitigen Morgen des nächsten Tages kletterten sie auf ihren Frühstücksfelsen, bauten ihr Zelt ab, bepackten ihre Räder und brachen auf in Richtung Fährhafen.
In einem Supermarkt wurden Reserven ergänzt. Es waren stets die gleichen Objekte der Begierde: Käse, Knäckebrot, eine Tube Fischpaste, Joghurt und für jeden eine Banane.
Vor dem Markt herrscht reges Treiben.
Hans beobachtete gelangweilt einige norwegischen Frauen, die - meist etwas übergewichtig - an Robbenweibchen erinnerten. Rührte dieses Erscheinungsbild von mangelnder Bewegung in der dunklen Jahreszeit her? Waren es Erbanlagen, die sich in vielen Jahrhunderten herausgebildet hatten, als sich die Menschen Fettreserven anschaffen mussten für eine Zeit, in der Jagderfolge ausblieben?
Hans wusste es nicht. Und eigentlich interessierte es ihn auch nicht besonders.

Es begann zu nieseln.
Schade.
Gerade für diese nun vor ihnen liegende Fahrt nach Bud hätten sie sich einen blanken, vom Wind gereinigten Himmel gewünscht.

Zur Überfahrt auf die Insel Averoya konnten sie eine Fähre nutzen.
Noch gab es diese Verbindung. Doch ein überdimensionales Schild nahe der Anlegestelle wies darauf hin, dass die Norweger in Kürze damit beginnen würden, die Fährüberfahrt durch einen Tunnel zu ersetzen.
Es war für Radfahrer keine besonders erfreuliche Nachricht.

In Bremmes begann die Fahrt auf der Fernstraße RV 64. Sie wurde teilweise von einem Radweg begleitet und war hervorragend asphaltiert.
Ein freundlicher Bauarbeiter stoppte plötzlich ihre Fahrt. Überall im reichen Norwegen werden die Verkehrswege modernisiert.
Irgendwo fand eine Sprengung statt.

In Karvag, am Ostufer der Insel Averoya, erreichten sie die 1989 eröffnete Atlantikstraße.

Auf ihr, dem berühmten „Atlanterhavsveien", zu fahren war einer von Hans' heimlichen Wünschen gewesen.

Vieles hatten sie bereits über dieses Bauwerk des Jahrhunderts gehört und gelesen.

Dass vor allem im Herbst in diesem Hexenkessel der Wetterküche wütende Stürme gegen die Straße hämmerten und Gischtfontänen auf die Fahrbahn schleuderten, dass während der fünfjährigen Bauzeit zwölf Orkane die Arbeiten fast zum Erliegen brachten.

Und sie erfuhren, dass die Straße nur einen Steinwurf von der berüchtigten und gefürchteten Fahrrinne Hustadvika entfernt verläuft, auf deren Grund zahlreiche Schiffwracks liegen sollen

Weit draußen am offenen Meer schlängelte sich die Straße über Brücken und Felsen.

Von Stürmen spürten die beiden Radfahrer an diesem Tage nichts.

Leichter Nieselregen behinderte die Sicht.

Kein Wetter für spektakuläre Fotos. Doch bis zu den Herbststürmen mit seinen eindrucksvollen Bildern wollten Hans und Elise mit ihrer Radtour über die sieben Brücken der Atlantikstraße nicht warten.

Auf der höchsten, der Storseisund-Brücke, die mit ihrem Buckel eine fast 200 Meter breite Fahrrinne überspannt, stiegen sie von den Rädern.

Erwartungsvoll blickten sie in die Tiefe. Selbst größere Schiffe konnten die Brücke wegen ihrer Durchfahrtshöhe von 25 Metern passieren.

Später trafen sie ein junges Paar aus Deutschland, das gerade dabei war, das Gepäck auf ihren Rädern neu zu ordnen. Während der überaus steilen Abfahrten von Brücken war ihre nicht allzu professionelle Ausrüstung ins Schleudern geraten.

Der Regen wurde stärker.

Sie erreichten Bud, ein kleines Dorf mit dunkelroten Bootshäusern, an einem halbinselförmigen Küstenabschnitt.

Hier wollten sie wenigstens eine Nacht bleiben.

1.12 Bud und der zweite Weltkrieg

Zunächst hielten sie Bud nur für ein kleines Fischerdorf, so, wie sie es auch auf den Lofoten kennen gelernt hatten; einen Ort, wie es viele gibt in Norwegen.

Im 16. und 17. Jahrhundert soll diese Landzunge jedoch der größte Handelsplatz zwischen Bergen und Trondheim gewesen sein.

Doch davon spürten sie nichts.

Der Flecken machte auf sie einen verschlafenen Eindruck.

Vielleicht würden sie andere Eindrücke gewonnen haben, wenn sie das alte Lagerhaus aufgesucht hätten, in welchem das urige Restaurant BRYGGJEN eingerichtet wurde. Man sitzt dort in Ruderbooten, auf Schiefertafeln werden nach alter Tradition zubereitete Fischgerichte angeboten.

Sie hatten es nicht entdeckt, aber auch nicht gesucht.

Warum eigentlich nicht? Schreckten sie hohe Preise?

Eigentlich hatten sie doch noch genügend Kronen im Brustbeutel. Oder befürchteten sie, dass dieses originelle Restaurant vorwiegend dafür vorgesehen war, gutgläubige Touristen anzulocken, um ihnen eine norwegische Lebensart vorzugaukeln.

So schlenderten sie am frühen Abend durch den höchstens tausend Einwohner zählenden Ort in Richtung Hafen.

Ein Uferfelsen wurde von Dreizehenmöwen besiedelt. Ihr Gekreisch war gewaltig.

Sie fühlten sich durch die beiden Eindringlinge gestört.

Ein Schwarm flog auf und kreiste bedrohlich über ihren Köpfen.

Und dann stießen sie plötzlich auf Kanonen, riesige Scheinwerfer und unterirdische Bunkeranlagen.

Die Küste um Bud war wegen ihrer strategisch außerordentlich günstigen Lage von den deutschen Besatzungstruppen während des zweiten Weltkrieges zu einem militärisch bedeutsamen Pfeiler des Atlantikwalles ausgebaut worden.

Durch die Sehschlitze neben den Kanonenstellungen konnte man fast die gesamte Küstenlinie überblicken. Sie fanden Schrifttafeln und Fotos, auf denen über die Besetzung Norwegens, die Zerstörung der Stadt Molde, den Widerstand der Norweger gegen die Unterwerfung ihres Landes durch die deutschen Truppen informiert wurde.

Und wieder befiel Hans ein Gefühl der Scham.

Und wieder grübelte er über jene Zeiten nach, in denen er noch ein Junge war.

Es tobte ein sinnloser, ein mörderischer Krieg.

Diese Jahre vergisst man nicht.

Doch sie wirken noch immer wie grelle Lichtpunkte im Dunkel der Vergangenheit.

Ob er eine glückliche Kindheit verbracht hatte, wollte einer seiner Freunde unlängst wissen. Er hatte sich diese Frage nicht selten selbst gestellt.

Was heißt „glücklich"? Die Vorstellungen vom Glück sind so verschieden wie die Menschen selbst. „Glück" ist ein weiter, ein vieldeutiger und zudem ein relativer Begriff. Vielleicht trifft er vorwiegend auf den Zustand eines Augenblicks, auf die Ereignisse einer Stunde, das Schicksal an einem Tag zu.

Hans leuchtet mit einer Lampe in der Hand vorsichtig in die Jahre seiner Jugendzeit.

Wenige Monate bevor die Nationalsozialisten in seinem Heimatland die Macht übernahmen wurde er in einem Altbau im Leipziger Osten geboren, an einem Ort, an den er sich nicht mehr erinnern kann. Seine Kindheit begann erst, als die Eltern in eine für die damaligen Verhältnisse moderne, sonnige Wohnung im Süden der Stadt zogen.

Es war eine Kindheit in einer Diktatur, von der er zunächst wenig spürte.

Die Eltern schirmten ihn, soweit es in jener Zeit überhaupt möglich war, vor nationalsozialistischen Einflüssen sorgsam ab.

Dies war nur noch bedingt realisierbar, als die Faschisten den Krieg gegen Polen begannen, ein Angriff, der als zweiter Weltkrieg mit einer wirtschaftlichen und moralischen Katastrophe endete, wie man sie sich schrecklicher nicht vorstellen konnte.

Der Vater musste an die Front, ein Kindheitsfreund fiel im Russlandfeldzug, Jungvolkführer trieben zehnjährige Kinder zum „Dienst am Vaterland", nahezu alle jungen Lehrer wurden eingezogen, um bei der Wehrmacht ihrem Vaterland zum Sieg zu verhelfen.

Im vierten Kriegsjahr erreichten die Angriffe der angloamerikanischen Bomber auch Leipzig. Es waren Stunden irrsinniger Ängste im unzulänglich ausgebauten Luftschutzkellern.

Ob das eigene Haus getroffen würde?
Ob man verschüttet werden könnte?
Ob die bereitliegenden Gasmasken übergestülpt werden müssten?
Sie hatten nicht vom Heldentum, nicht von der Verteidigung des Vaterlandes, nicht von Ehre und Treue zum „Führer" geträumt, die Eltern nicht, die Großeltern nicht und deshalb er als schüchterner Knabe auch nicht.
Später, als der Krieg vorüber war, hatte er schmerzlich erfahren, dass sich die Gräueltaten der Nationalsozialisten nicht nur gegen den „äußeren Feind", sondern auch auf Teile des eigenen Volkes gerichtet hatten.
Sechs Jahre Krieg - es war eine verlorene Zeit.

Und nun stand er hier vor Bunkern und Geschützen.
Die Anlagen sollten kein Denkmal sein, sie sind ein Mahnmal.
Ob alle deutschen Touristen so dachten?
Mit Sorge hatte er erfahren müssen, dass es in Deutschland noch immer Menschen gab, die mit Stolz auf „ihre" Wehrmacht zurück blickten, der es gelungen war, in ganz Europa ihre Stiefelabdrücke zu hinterlassen.

Als sie sich lösten, den Blick auf das in der friedlichen Abendstimmung liegende Meer richteten, erblickten sie noch einmal ein Schiff der Hurtigrutenflotte, das langsam und majestätisch seine Bahn durch die Schären zog.

Das Zelt auf dem kleinen Campingplatz am Ortsrand war wie immer rasch aufgebaut. Ein deutscher Dauercamper schlenderte vorbei, herablassend und selbstgefällig auf die spartanische Unterkunft der Neuankömmlinge blickend.
Er sei schon mehrere Wochen hier.
Es sei sein Angelurlaub.
Und er würde in einem Wohnwagen campieren.
Ob sie ihn sehen wollten.
Es war das gewaltigste Monster unter allen Campingfahrzeugen.
Bereits die Treppe zur Eingangstür war mit einem roten Teppich belegt.
Und dann deutete er auf das breite komfortable Schlafabteil hin, auf die gut ausgestattete Küche mit Kühlschrank, Spülautomat und Mikrowelle, auf Dusche und Toilette, auf einen Abstellraum für Besen, Eimer und Angelutensilien.
Schließlich führte er sie in den Wohnbereich mit Sesseln, klug angelegten Anbauschränken und einem riesigen Fernsehgerät.
Er erwartete Bewunderung.
Er hoffte auf Neid.
Zu seiner Enttäuschung blieb beides aus.
Beim Herausgehen beschrieb ihm Hans gleichsam als freundlich gemeinte Gegenleistung seine Urlaubsausrüstung:

Packtasche vorn links – Kocher und Verpflegung, Packtasche vorn rechts – Werkzeug und Regenbekleidung, Packtasche hinten links – Schlafsack und Waschbeutel, Packtasche hinten rechts – Unterwäsche und Radbekleidung, Gepäckträger – Zelt und Isomatten, Rucksack – Kartenmaterial, Kompass, Fotoausrüstung.

Es schien ihn nicht sonderlich zu interessieren.

Hans dachte erneut über den Charakter jenes Daseins nach, das sich hinter dem Wort „Camping" verbirgt.

1.13 In der Rosenstadt

Molde - vor acht Jahren hatten sie dort im Regen ihr Zelt aufgebaut auf einem riesigen langgezogenen Campingplatz zwischen einer stark befahrenen Straße und dem Moldefjord.

Nun fuhren sie wieder in diese ihnen bereits vertraute Stadt.

Es war warm.

Nach reichlich siebzig Kilometern zeigten sich die ersten Gebäude.

War es noch die Stadt von einst? Es hatte sich vieles verändert.

Zunächst fiel ihnen die Hektik auf. Unzählige Touristen schwärmten durch die Hauptstraße, die sich an der Küste entlang hinzog.

Ein neues modernes Hotel spannte sich wie ein Riesensegel über den Fjord.

Im April 1940 wurde die Stadt von deutschen Truppen zu über achtzig Prozent zerstört. Der norwegische König hatte sich damals für kurze Zeit nach Molde geflüchtet.

Nun, nach mehr als sechs Jahrzehnten, präsentierte sich dieser Ort als eine moderne turbulente Handelsstadt.

Durch die geschützte Lage und die Wärme des Golfstromes kann sie trotz ihrer Lage nördlich des 62. Breitengrades ihre Gäste mit einer Blütenpracht empfangen, die man in dieser Gegend nicht erwartet.

Molde - die Rosenstadt.

Und so fuhren sie durch die von der Abendsonne vergoldete Stadt, vorbei an der Domkirche mit ihrem fünfzig Meter hohen freistehenden Glockenturm, auf dessen Spitze eine mit Kupfer verkleidete Pyramide thronte, vorbei am neu erbauten AKER-Stadion mit seiner Fassade aus Granit und Glas. Sie warfen einen Blick auf „Rosepiken", das Rosenmädchen, eine Bronzeskulptur auf dem Rathausplatz, und auf die vielen Rosengärten in der Fußgängerzone Storgata.

Der im Nordosten der Stadt gelegene Campingplatz war nahezu belegt.

Elise zeigte auf einen etwas unebenen, doch sonst sehr günstigen Platz für ihr kleines Zelt. Dahinter erhob sich ein winziger Felsen, der sie allerdings nur unerheblich vom Touristentrubel abschirmte. An einer Baumgruppe konnten sie günstig ihre Räder abstellen.

Wieder hatte es sich als vorteilhaft erwiesen, bereits am späten Nachmittag auf einem viel besuchten Campingplatz anzureisen.

Auch als der Abend schon weit fortgeschritten war, drängten weitere Touristen mit Wohnmobilen auf das Gelände. Mehr ging kaum noch.

Zwei ältere deutsche Touristen saßen vor ihrem Wohnwagen und starrten etwas ratlos auf eine grobe Übersichtskarte von Norwegen.

Wie man denn nach Lom käme?

Wie man dem Stress auf den Hauptverkehrsstraßen entgehen könne?

Sie hatten ihre Reise nach Norwegen offenbar sehr schlecht vorbereitet, waren aufgeregt und wirkten völlig überfordert.

Hans kramte geduldig detailliertes Kartenmaterial hervor. Er kannte den Ort Lom recht gut. Seine Ratschläge wurden dankbar angenommen.

Allmählich beruhigten sich die beiden.

Elise, die das Gespräch begleitet hatte, erinnerte sich an eine ähnliche, doch weitaus spektakulärere Situation während einer ihrer Rucksackwanderungen durch das Rilagebirge.

In einer Hütte am Ribni Esera, dem Fischsee in über 2200 m Höhe, hatten sie in einem riesigen Schlafraum Unterschlupf gefunden. Eine Pritsche zum Schlafen stand eng neben der anderen. Die Rucksäcke mussten an den Fußenden abgestellt werden.
Der Abend war nasskalt und nebelig, später kam Wind auf.
Doch irgendwann gelang es ihnen, etwas Schlaf zu finden.
Am frühen Morgen traf ein junges Pärchen ein, völlig durchnässt, fast erfroren.
Die beiden jungen Leute hatten geplant, ihren Urlaub am Schwarzen Meer zu verbringen.
Einen kleinen Ausflug in das majestätische Rilagebirge wollten sie sich dennoch gönnen.
Doch sie verfügten weder über ein Zelt noch einen Schlafsack, weder über Wanderschuh noch über Kartenmaterial und hatten die stürmische Nacht unter einer Brücke verbracht.
Ihr einziger Wunsch: Schlafen und dann auf dem kürzesten Weg raus aus dem Gebirge.
Elise hatte ihnen geholfen, so gut sie konnte, mit Medikamenten und heißem Tee, mit Wegbeschreibungen und Karten, mit tröstenden Worten und einem Schlafplatz.

Geweckt wurden sie am frühen Morgen durch den Lärm riesiger Baumaschinen. Der Platz für die Touristenströme sollte noch größer, noch breiter, noch befahrbarer gestaltet werden.

Wenige Meter von ihrem Lager entfernt entdeckte Hans Trekkingräder. Zwei bildhübsche junge Norwegerinnen hatten ganz in ihrer Nähe ihr kleines Zelt aufgeschlagen.
Auch sie waren mit Rad und Schlafsack unterwegs.
Es war vorauszusehen, dass Hans von einem der beiden Mädchen angesprochen wurde. Gleichgesinnte finden rasch zueinander. Und es stellte sich heraus, dass zumindest für den nun angebrochenen Tag ihre Ziele in der gleichen Richtung lagen.
Beschwingt eilte Hans zur wartenden Elise zurück, vielleicht ein bisschen zu beschwingt.

An der Anlegestelle der Fähre nach der Insel Midsund trafen sie die beiden Norwegerinnen wieder.
Nach einem kurzen Plausch hatte sich die gegenseitige Zuneigung so heftig entwickelt, dass alle vier um gemeinsame Fotos baten.
Auf der Tour rund um die Insel verloren sie schließlich die beiden Mädchen. Schade!
Die letzten Kilometer zurück zur Anlegestelle der Fähre führte die Straße ständig bergab. Sie sahen das Schiff liegen, fuhren im Höllentempo zum Hafen hinunter und kamen doch zwanzig Sekunden zu spät.
Wozu diese Eile?
Sie hatten Zeit. Und die nächste Fähre ging bereits in einer knappen Stunde.

Vor acht Jahren hatten sie in der Nähe von Andalsnes auf einem Platz gezeltet, der ihnen damals als einer der besten der Welt erschien. Er war kaum belegt, Tische und Bänke standen einladend auf einer riesigen Wiese. In allen Himmelsrichtungen erhoben sich schneebedeckte Berge. Die Luft war klar, die Sonne strahlte übermütig vom Himmel.

Dort wollten sie wieder hin.

Die Norweger hatten die Fährverbindung nach Süden durch einen Tunnel unter dem Fjord ersetzt. Eine Fahrt durch die mehr als zehn Kilometer lange Unterführung durften und wollten sie nicht riskieren.

Kurz vor der bedrohlich schwarzen Tunneleinfahrt türmten sie ihr Gepäckstück zu einer Pyramide auf.

„Damit wir gesehen werden", meinte Elise.

Die Räder versteckten sie zunächst am Straßenrand im Gras. Der Trick gelang.

Ein großer Wagen hielt. Der Fahrer betrachtete abschätzend das Gepäck.

Er war ihnen wohl gesonnen.

Doch dann entdeckte er die Trekkingräder und bat sie um Entschuldigung.

Er hätte sie gern mitgenommen, aber … .

Die Situation wiederholte sich mehrfach.

Doch dann kam „Big Bus", ein norwegischer Überlandbus.

Problemlos wurden Räder und Gepäckstücke verstaut.

Als sie den Himmel wieder erblickten, hielt der Fahrer den Bus an, erleichtere sie um etwa zwanzig EURO und half ihnen, ihre Räder aus den Gepäckfächern unter dem Fahrgastraum zu zerren.

Es wurde nun eine Fahrt auf bereits vertrauten Straßen, die Sonne schien, es war klar und warm und ein leichter Wind säuselte ihnen entgegen. Ein herkulisch gebauter Radfahrer mit einem kleinen Anhänger fuhr mit freiem Oberkörper.
Später wurde der Gegenwind heftiger.
Er dämpfte ihr vergnügliches Radeln erheblich.
Sie hatten gehofft, den ersehnten Campingplatz leicht zu finden, doch er blieb verschwunden. Zunächst fuhren sie die E 136 in Richtung Dombas. Es war heiß, der Wind kam noch immer von vorn, das Gepäck auf den Rädern wurde auf dem vom Romsdalsfjorden hinauf in die Berge führenden Weg immer schwerer, der Tritt immer müder, der Schweiß rann unter den Helmen hervor.
An mehreren Campingplätzen fuhren sie vorbei, doch keiner von ihnen glich demjenigen, der in ihrem Gedächtnis gespeichert war.
Sie nahmen einen Abzweig, der zum Trollstigen, der spektakulären Bergstraße, führte und entdeckten etwas abseits vom Weg eine Hüttenkolonie Sie war umgeben von Wald und Bergen und die auf einem Wiesengelände verstreut liegenden Blockhütten waren kaum belegt. Hier wollten sie ihr Zelt aufschlagen.

1.14 Hochzeitstag in Andalsnes

Hans räkelte sich wohlig in seinem roten Schlafsack.
Die Sonne schickte verstohlen ihre Strahlen schräg durch die Gaze am Eingang zur Apsis.
Das war schon erst einmal gut.
Es war der 7. Juli.
Es war ihr Hochzeitstag. Der Tag ihrer „Goldenen Hochzeit" war angebrochen.
Sie hatten nichts vorbereitet, kaum etwas geplant.
Gäste waren nicht zu erwarten.
Vielleicht reihte sich dieser Tag nahtlos und harmonisch ein in ihre Urlaubsreise, vielleicht mit einer nicht zu anstrengenden Radtour und einem ihren Ansprüchen angemessenen üppigen Abendmenü vor dem Zelt.

„Bist du denn zufrieden", fragte Hans seine liebe Frau, „so ohne unsere Kinder an unserem Festtag?"
„Du hast es doch so gewollt. Den Ansprüchen der Kinder werden wir später schon noch gerecht werden", meinte Elise heiter, füllte seinen Becher erneut mit heißem Kaffee und blickte erwartungsvoll auf die umliegenden schneebedeckten Berge.

Sie brachen zum Bahnhof auf und nutzten ihre Scanrail-Tickets für den Kauf der Fahrkarten für die Rauma-Bahn von Andalsnes nach Bjorli. Dann bugsierten sie wieder ihre Räder in den dafür vorgesehenen Waggon, schmunzelten über rührende Abschiedszenen auf dem Bahnsteig und überließen sich dem Hochgefühl, auf einer der spektakulärsten Eisenbahnstrecken der Welt unterwegs zu sein.

Die Trasse führte vorbei an dem berühmten 1555 m hohen Romsdalshorn, der fast 1000 m senkrecht aufsteigenden Trollwand und über die beeindruckende Kylling bru, eine 59 m hohe Brücke über die Rauma.

Die Strecke war erst im November des Jahres 1924 nach mehr als vierzig Jahren Planung eröffnet worden. Mit Hilfe vieler Wendetunnel mussten die großen Höhenunterschiede überwunden werden.

Doch dann war sie geschaffen, die wichtige Verbindung von Andalsnes nach Oslo und Trondheim.

In Bjorli verließen sie den Zug.

Nun würde es die sechzig Kilometer von einer Höhe von sechshundert Metern auf der Fahrt zu ihrem Zelt fast ständig bergab gehen.

Ein herrliches Panorama umgab die beiden Radreisenden auf der wenig befahrenen Straße: Steil aufsteigende Felsen, rauschende Wasserfälle, geduckt zwischen Fluss und Berg ein idyllischer Friedhof mit einer kleinen Kirche und vor allem die ins Tal stürzende wild tosende Rauma.

Nicht ganz so unbeschwert wie erhofft erwies sich die Fahrt. Ein bissiger Wind fegte ihnen durch das enge Tal entgegen, so dass sie trotz des Gefälles kräftig in die Pedale treten mussten.

Doch sie hatten Zeit. Hans fuhr - wie so oft - gedankenverloren voraus, manchmal nur zehn, mitunter auch weit über hundert Meter.

Elise störte dies jedoch wenig.

Und wieder kreisten Hans' Gedanken um die Besonderheit des Tages.

Vor fünfzig Jahren hatten sie in einem kleinen Dorf einander zugesagt, für immer zusammen zu bleiben. Es war ein ausgesprochen heißer Tag und die jungen Gäste mussten sich an einer hölzernen Pumpe Abkühlung verschaffen.

Eine Hochzeitsreise hatten sie damals nicht antreten können.

Die Arbeit rief. Das Geld war knapp - sehr knapp.

Nun haben wir sie nachgeholt, dachte Hans, etwas spät zwar, aber vielleicht nicht weniger aufregend.

Doch welche Erwartungen hat Elise eigentlich an diese Reise, an den heutigen Tag, an die heutige Nacht?

Du kennst sie doch genau, beruhigte sich Hans, nach den vielen Jahren weißt Du um ihre Offenheit, ihre Zuneigung, ihr Vertrauen, ihre bescheidenen Ansprüche.

Und doch gibt es vielleicht auch in ihrer Gedankenwelt unerfüllte Hoffnungen, heimliches Begehren, verschwiegene Träume.

Es muss immer einen schüchternen Rest von Zurückhaltung und Verschwiegenheit geben, den man akzeptieren und gewähren soll.

Er hatte es immer gewollt, mit Elise zusammen zu leben, für sie da zu sein, sie zu berühren, sie zu streicheln, den Tag mit einer Umarmung zu beginnen.
Und er wollte es noch immer.
Wir müssen sie nutzen, die uns verbleibende Lebenszeit.

Hans wurde wieder wach, ließ die wunderbare Landschaft auf sich wirken und wusste, dass sie ganz beträchtlich an Reiz verlieren würde, wenn er sie nicht gemeinsam mit Elise genießen könnte.

In Andalsnes, an einem noch in der letzten Bauphase befindlichen Marktflecken, setzen sie sich an einen Tisch vor einem Straßenkaffee, streckten die Beine von sich und ließen sich von der Sonne kitzeln. Eine junge Servererin brachte Kaffee und norwegische Waffelspezialitäten.
Sie waren ungewöhnlich lange allein und hatten schließlich Mühe, im ersten Stock des Restaurants ihre norwegischen Kronen entrichten zu dürfen.
Sie wollten sich nicht einfach davon trollen, schließlich befanden sie sich in dem Land mit einer der niedrigsten Kriminalitätsraten der Welt.

Ein großer, kräftiger Holländer baute sein Zelt auf.
Er sprach so fließend Englisch, dass man nur die Hälfte verstand, und war - offenbar als Profi - ebenfalls mit Rad und Zelt unterwegs. Er besaß das beste Trekkingrad der Welt und wollte am nächsten Tag über die Berge nach Geiranger radeln.

Das abendliche Hochzeitsmahl nahmen sie vor ihrem Zelt ein: Fischsuppe, Tomaten, gekochte Eier, Nüsse, Kaviarpaste, Pfirsiche, dazu ein kühles Bier.
Sie krochen in ihr Zelt und zogen den Reißverschluss von innen ganz fest zu.

1.15 Horror am Trollstigen

Sie erwachten aus einem wunderbaren Schlaf.
Lächelnd blinzelten sie sich an.
Sind wir zufrieden?
Oder sehnen wir uns schon nach dem Ende der Reise?
Glück und Traurigkeit liegen oft dicht beieinander.
Nicht darüber nachdenken.

Es war inzwischen der vorletzte Tag, den sie auf dem so ruhigen Campingplatz verbrachten.

Es hatte sich ein sehr herzliches Verhältnis zu der jungen Frau eingestellt, welche die kleine Verkaufsstelle des Platzes verwaltete. Sie saßen öfter bei ihr in dem kleinen Aufenthaltsraum, schmiedeten Pläne für den nächsten Tag, blätterten in Reisführern über Norwegen und tranken mehrere große Pötte Kakao.

Der holländische Perfektionist mit seinem Superrad bereitete seine Abfahrt vor. Er erschien ihnen kühl und sachlich, egoistisch und fast ein bisschen rücksichtslos. Alles war perfektioniert, der Abbau des Zeltes, das Verstauen der Utensilien - dazu gehörte auch ein Laptop - in die Packtaschen, ein kurzes Überprüfen der Technik seines Rades. Vielleicht ist er Berichterstatter für eine Zeitung oder ein Testfahrer für Outdoor-Material. Kurz winkte er ihnen zu, dann entschwand er mit raschen Tritten in Richtung der Serpentinen des Trollstigen. Und dorthin wollten sie auch.

Vor acht Jahren hatten sie die elf Haarnadelkurven an der gigantischen Felswand bis auf 800 m Höhe schon einmal bezwungen. Die Straße schien förmlich an den Felsen zu kleben. Damals war es eine Fahrt am Ende des Monats Mai.
Am oberen Ende der Straße türmten sich hohe Schneeberge und ein eisiger Wind blies ihnen entgegen.
Sie erinnerten sich noch, dass sie die einzigen Radfahrer waren inmitten von Autos und Bussen mit deutschen, amerikanischen und vor allem mit japanischen Touristen.
Für jene Reisenden bildeten sie mit ihren schwer beladenen Rädern ein interessantes Motiv, unentwegt wurden sie fotografiert und gefilmt.
Nach den ersten Serpentinen tummelten sich Amerikaner auf einem Parkplatz.
Sie befühlten Hans' Oberschenkel - how steel.
Woher sie kämen?
From Germany - o.k.
Sie waren bei widrigen Witterungsbedingungen weiter gefahren, die Alderstraße hinab bis zum einem kleinen Campingplatz unmittelbar am Ufer des Geirangerfjords.
Die ganze Nacht schüttete der Himmel seine Wassermassen auf das Zeltdach.
Als sie frühzeitig aus den Schlafsäcken krochen, stellten sie erstaunt fest, dass die seltsamen Geräusche, die in den frühen Morgenstunden aus dem Vorzelt zu ihnen gedrungen waren, mit Sicherheit von Möwen stammten. Sie hatten einen Teil ihres Brotes gefressen und einen noch eingeschweißten Käse entführt.
Nach Lom wollten sie an jenem Tage, dem Ort in Mittelnorwegen mit der größten Zahl von Sonnenstunden im Jahr. Es sollte ihre Königsetappe werden.
Die Höhe des Passüberganges zum Ottadalen, den sie überwinden mussten, lag bei 1038 Metern. Befahrbar wäre die Trasse erst ab Ende Mai, hatte man ihnen mitgeteilt. Ein Überlandbus würde erst Anfang Juni fahren.
Also hatten sie bereits am zeitigen Morgen ihr noch regennasses Zelt abgebaut und begonnen, die fünfzehn Serpentinen zu erklimmen. Es war feucht, aber nicht kalt.
Langsam, aber zügig waren sie vorangekommen, kein Autoverkehr behinderte ihre Fahrt, nur Schafe mussten sie mitunter von der Straße treiben.
Es wurde kälter mit jedem gewonnenen Höhenmeter.
Es wurde eine Fahrt in den Winter.

Gegen Mittag hatten sie den höchsten Punkt des Passes erreicht.

Das Gebäude der Djupvasshytta war kaum zu erkennen, an den Straßenrändern türmten sich meterhohe Schneewände auf.

Als sie, gestärkt durch einen heißen Kaffee, wieder aus der Hütte kamen, peitschte ihnen Schneeregen entgegen. Mit Regenjacke, Regenhosen und Gamaschen ausgerüstet traten sie die Fahrt in Richtung Lom an.

Es waren nun nur noch achtzig Kilometer, es ging ständig bergab. Auch der Wind hatte es sich überlegt, er wehte nicht mehr stark, dafür aber stetig von hinten.

Am Rande eines noch mit Eis bedeckten Sees hockten sie sich hinter einen Felsbrocken.

Elise hatte auf ihrem winzigen Spirituskocher eine Suppe gekocht.

Und dann wurde es eine Fahrt vom Winter in den Sommer.

Von alpiner Landschaft mit Schnee und Eis fuhren sie durch steppenartige Gebiete bis Birken mit erstem Grün auftauchten.

Es klarte auf, sie waren meist allein auf der herrlichen Straße und die wilde Otta war ihr ständiger Begleiter.

Am Abend hatten sie nach ihrer weit über hundert Kilometer langen Tour den in der Sonne liegenden Zeltplatz in Lom erreicht.

Bei heiterem Wetter brachen sie in Richtung Trollstigen auf.

Zunächst war der Anstieg moderat.

Dann erreichten sie einen stark frequentierten Parkplatz vor den Serpentinen mit einem Anstieg von durchschnittlich 12 %.

Doch es waren weniger die Mühen um das Bewältigen der Höhe als die pausenlos an ihnen vorbei fahrenden Fahrzeuge, die ihnen Ängste einflössten.

Es waren viele, sehr viele, zu viele.

Hans war vorausgefahren und hatte sich wenige Kehren vor der Bergkuppe an den Straßenrand gestellt, als Elise mit unter ihrem Helm hervorblitzenden Augen auftauchte.

Der Gipfel empfing sie anders als vor acht Jahren.

Neben unzähligen Wohnwagen und Bussen, die ihre Ladung in Form von lärmender Touristen ausspien, verschandelte eine Unzahl von Souvenirshops und Getränkebuden die Natur.

Es herrschte Hochsaison.

Der Zauber der Unberührtheit war erloschen.

Schreiend bunte Geschäfte prägten die Landschaft.

Der Mammon hatte gesiegt.

Welch ein Frevel an der Natur.

Hier wollten sie nicht länger bleiben.

Ihre Bremsen waren zuverlässig.

Das mussten sie auch sein, als sie sich wieder in das Tal hinab stürzten.

Entgegenkommende Busse und Campingmobile kannten kein Pardon in den engen Kehren.

Sie schlitterten von einer gefährlichen Situation in die andere, die Bergauffahrt erschien ihnen nun fast wie ein Kinderspiel.

Horror am Trollstigen.

Am Abend kochte Elise eine Fischsuppe auf ihrem kleinen Kocher.

Dann krochen sie ins Zelt und schlüpften in ihre Schlafsäcke.

Bevor sie einschliefen hörten sie den Regen auf das Zeltdach trommeln.

Es war unheimlich anheimelnd.

Es war ihnen egal.

1.16 Bei Freunden

Die letzten Tage in Andalsnes waren angebrochen.

Sie wollten nicht mehr bleiben, auch wenn der Abschied vom schönsten Zeltplatz ihrer Reise nicht leicht fiel.

Er war ein Ort voller Harmonie, weiträumig, ruhig, sauber und von einer herrlichen Berglandschaft umgeben.

Am Tag vor ihrer Weiterreise waren die Berge von tief hängenden Wolken verhüllt. Noch eine Fahrt zum Eisfjord - es war nebelig und ungemütlich kalt - Abschiedswetter.
Sie ergänzten ihre bescheidenen Vorräte und fuhren zurück zum Campingplatz.
Er lag noch immer im Dunst.
Die Wiese war nass, das Zelt auch.

In dem gemütlichen Aufenthaltsraum bestellten sie bei der immer lachenden Norwegerin jede Menge Kakao. Sie bezahlten den Obolus für die Übernachtungen und verabschiedeten sich herzlich von ihrer freundlichen Gastgeberin.
Doch plötzlich tauchte die junge Frau vor dem Zelt auf. Versehentlich hatte Hans 200 NOK auf dem Tisch liegen lassen. Prompt und offenbar selbstverständlich wurde ihm die Summe von der heiteren Norwegerin übergeben.

Hans erinnerte sich an Begegnungen mit Menschen aus diesem Land, die nicht selten als karg, verschlossen, unzugänglich geschildert wurden, an Bauern, deren Schwelle man erst nach Tagen des Kennenlernens überschreiten durfte, an eine bereits ältere Verwalterin eines Campingplatzes, der die Gier bereits Furchen in ihr Gesicht gegraben hatte. Sie wollte ihnen trotz Kälte und strömenden Regens keine der noch geschlossenen Hütten zur

Verfügung stellen. Eine „Kräuterhexe" hatte sie Hans damals leise genannt, als er nass und halb erfroren in sein Zelt kroch.

Und erst viel später, nachdem er mit einem Tausendkronenschein gewedelt hatte, durften sie die Duschanlagen nutzen.

Und einmal - sie waren auf dem Rückweg nach Oslo - hatten sie nach langer Tagesfahrt eine mit Wohnwagen belegte Wiese am Rande eines Sees entdeckt.

Ob sie hier ihr Zelt aufstellen könnten, hatte Hans gefragt.

Es wäre ein privater Platz, wurde ihm mitgeteilt.

Vielleicht könne man eine Ausnahme machen?

Hans wurde zum Zeltplatzältesten geführt, der ihnen nach einer knappen Musterung gestattete, für eine Nacht zu bleiben.

Sie waren anspruchslos und zurückhaltend, bauten weit von den Wohnwagen entfernt ihr kleines Zelt auf und nahmen, auf der Wiese hockend, ihr bescheidenes Abendmahl ein, nicht ahnend, dass sie aufmerksam und kritisch beobachtet wurden.

Doch dann dauerte es gar nicht lange, da schleppten norwegische Frauen Stühle und einen Campingtisch herbei und wünschten ihnen einen erholsamen Aufenthalt - norwegische Gastfreundschaft.

Sie krochen in ihr Zelt, Wind und Nässe blieben draußen.

Morgen wollten sie nach Oslo aufbrechen.

Elise klopfte an der Cognac-Flasche.

Und nachts hatten sie die sonderbarsten Träume.

In Oslo wollten sie noch einen Tag bleiben.

Sie wurden erwartet von einem jungen Mann, dem Sohn eines Freundes.

Der Bahnhof der kleinen Stadt Andalsnes lag unmittelbar am Hafen.

Noch hatten sie viel Zeit.

Ein Passagierschiff lag am Kai.

Schwere dicke Taue wurden fest gezurrt.

Eine Armada von Bussen rollte an.

Die Menschen an Bord des Schiffes standen erwartungsvoll aufgereiht in einer schier endlosen Schlange. Einige rüttelten ungeduldig, allerdings vollkommen zwecklos am Geländer. Dann wurde ein Gatter geöffnet und folgsam wie eine Herde scharf bewachter Schafe bewegten sich die Passagiere von Deck. Am Kai wurden sie von Guides in roten Jacken erwartet, die große Schilder in die Höhe reckten, auf denen die Namen der gebuchten Ausflugsziele standen. Eine bequeme Fahrt mit dem Bus zu den Serpentinen des Trollstigen war eines der Angebote.

Elise schmunzelte, „für eine solche Reise sind wir noch zu jung, und wir werden es hoffentlich auch bleiben."

Hans dachte erneut darüber nach, wie sie über Auswüchse der Kreuzfahrtindustrie diskutiert hatten, wenn wieder auf Hochglanzpapier gedruckte Angebote für Schiffsreisen auf einem der Ozeanriesen ihren Briefkasten zum Überquellen brachte.

Sie hatten sich empört über die Verwendung von umweltschädigendem Schweröl, aber auch verständnislos den Kopf geschüttelt über die makabren Lustbarkeiten der Insassen solcher See-Ungeheuer.

Auf einem der Luxusliner ist man, so glaubten sie, inhaftiert, man kann dieser vergnügungssüchtigen Gesellschaft nicht entkommen, bevor die Reise zu Ende ist.

Ziele solcher Reisen sind wahrscheinlich weniger das Kennenlernen fremder Landschaften und anderer Kulturen.. Das Objekt der Begierde ist das Traumschiff selbst, eine All-inclusive-Anlage mit gelegentlichen kontrollierten Freigängen.

Und im Bauch jedes dieser Ozeanriesen schuftet, sorgsam getrennt von den zahlenden Passagieren, ein Heer von erbärmlich bezahlten Menschen aus Billiglohnländern.

Reinigungskräfte, Küchenhilfen, Maschinenarbeiter, Hilfskräfte - sie sind es, die den Preis für den Luxus der Wohlhabenden zahlen.

„Was treibt eigentlich Millionen von vernunftbegabten Wesen dazu, sich für solch fragwürdige Reisen zu entscheiden", versuchte Elise zu ergründen, „warum erliegen sie den Verlockungen der schillernden Werbungen?"

„Vielleicht ist es Gier oder Eitelkeit, vielleicht wirkt ein Herdentrieb, man will auch einmal dabei gewesen sein. Es ist eine Massenpsychose. Mit dieser Art von Touristen ist eine Menschenrasse entstanden, die der Schöpfer - wer immer dies auch ist - so sicher nicht vorgesehen hatte."

„Welche sinnvollen Bedürfnisse werden denn auf solch einer schwimmenden Kleinstadt eigentlich befriedigt, was suchen diese Menschen dort?"

„Wir wissen es nicht und wir wollen es auch nicht wissen. Wir haben eigentlich gar kein Recht zu urteilen und zu verurteilen, denn wir haben die Erfahrung einer Kreuzfahrt nie gemacht. Und führe uns nicht in Versuchung", setzte Hans mit einem Blick auf das am Hafen ankernde Vergnügungsschiff hinzu.

Wieder wurde es trotz des trüben Wetters eine wunderschöne Fahrt in Richtung Dombas. Langsam glitt der Zug durch Tunnel, quälte sich durch Kehren, ratterte über Brücken.

Plötzlich kam Unruhe auf. Die Verspätung der Rauma-Bahn nahm zu.

Sicher würde der aus Trondheim kommende Zug warten.

Doch wie lange?

Hektik in Dombas.

Vogn 448 befand sich am Ende des Zuges.

Es war der für die Räder bestimmte Gepäckwagen.

Doch er war verschlossen.

Hans rief eine Bahnbeamtin.

Sie kam bereitwillig, besaß jedoch keinen Schlüssel.

Gemächlich lief sie zurück und holte einen zweiten Beamten.

Er öffnete die Tür und ließ die beiden allein.

Hans kletterte in den Wagen, Elise wuchtete die Räder hoch.

Zum Verzurren blieb keine Zeit.

Als die Beamtin bereits die Kelle zur Abfahrt des Zuges hob, standen Hans und Elise mit ihren Gepäckstücken vor dem abfahrbereiten Zug. Es gelang ihnen gerade noch, die nächste Waggontür zu öffnen, ihre Packtaschen hinein zu werfen und einzusteigen.

Dann begann die Odyssee durch den überfüllten Zug zu ihren reservierten Plätzen.

Natürlich waren sie bereits besetzt - Palaver - doch sie gingen als Sieger hervor und verstauten ihre Packtaschen.

Eine fehlte. Sie wurde schließlich in einem der durchquerten Gänge entdeckt.

Ihnen gegenüber saß sorglos eine dralle junge Norwegerin, die unentwegt mit ihrer Digitalkamera fotografierte, vorwiegend ihren winzigen Hund, manchmal auch ihren dunkelhäutigen Freund, am meisten jedoch sich selbst.

In Oslo waren die Straßen nass.

In der Innenstadt herrschte ein fürchterliches Gedränge wie bei einem Volksfest.

Es war nicht leicht, zwischen Menschen, Autos und Straßenbahnen den Weg zum Campingplatz Bogstad am Holmenkollen zu finden.

Diese Anlage, ein Umschlagplatz für Touristen aller Art, war riesengroß und relativ teuer, große Teile standen unter Wasser.

In Südnorwegen hatte es seit Tagen nahezu pausenlos geregnet.

Sie fanden einen Platz nahe eines Felsens.

Nachts klatschte der Regen erbarmungslos auf das Zeltdach.

Es war nicht etwa der feine, heimliche, schwatzhafte, reinigende Regen, wie sie ihn manchmal erlebt hatten. Er war kalt und selbstsüchtig, durchtränkte den bereits durchweichten Boden tief und satt, ließ in jeder Bodensenke einen See entstehen.

Auch am nächsten Morgen stürzte der Regenguss aus allen verfügbaren, schier unerschöpflichen Kannen.

Ein Ende des Wolkenbruches war nicht abzusehen.

Irgendwann musste man das Sanitärgebäude aufsuchen.

Hans stürmte los, von unten spritzte die Nässe aus dem völlig aufgeweichtem Boden, von oben stürzten gnadenlos die Wassermassen herab.

Beneidenswerte Touristen hatten wenigstens einen Schirm, andere fuhren mit dem Auto oder gar mit ihrem Wohnmobil vor.

Rasch zurück in den noch warmen Schlafsack, das beste Möbelstück, welches man zur Zeit besitzt.

Erst gegen Mittag ließ der Regen etwas nach.
Der Zeltplatz schwamm.
Hans befreite die Räder von der schwarzen schützenden Plane.
Sie wollten den günstigsten Radweg zur Anlegestelle der Colorline erkunden.
Morgen, am Tag der Abreise, durfte nichts schief gehen.

Nicht wenige Sehenswürdigkeiten Oslos hatten sie bereits erkundet, die berühmte Karl-Johanns-Gate, das Fram- und das Kon-Tiki-Museum, den Holmenkollen mit seinen Schanzen, das jedem Leichtathleten bekannte ehrwürdige Bislet-Stadion, das Hans unbedingt sehen wollte. Doch seine Erwartungen wurden damals enttäuscht. Am Eingang knarrten verrostete Tore, das Stadion wurde überragt von hohen Mietshäusern.
Im Forgner-Park hatten sie mit kritischen Blicken die überdimensionalen und nicht unumstrittenen Skulpturen von Gustav Vigeland betrachtet. Dieses naturalistische Werk, bestehend aus detailliert dargestellten nackten menschlichen Figuren, soll den Zyklus des Lebens beschreiben. Es ist faszinierend und irritierend zugleich. Erinnerte es sie doch in seiner Monumentalität entfernt an die von den Nationalsozialisten „verordnete Kunst".
Ihr Zelt hatten sie oft auf dem EKEBERG CAMPING hoch über der Stadt aufgeschlagen. Man genoss von dort einen herrlichen Blick über die Stadt Oslo und ihre Umgebung.
An einem späten Nachmittag wollten sie unbedingt noch das Edvard-Munch-Museum besuchen. Es lag in Gamle Oslo, einem etwas abgeschiedenen Vorort im Osten der Stadt.
Hans und Elise bewunderten und verehrten den sanften, sensiblen Maler, der auf so drastische Weise die Angst und die Zerbrechlichkeit in der Welt dargestellt hatte und dessen auf verstörende Art schöne Bilder zu einem Inbegriff des Expressionismus wurden.
Ihre Empfindungen für die Unerschrockenheit und Verletzlichkeit des Künstlers vermischten sich mit Gedanken an ihre Tochter Christl, die als Malerin - und etwas anderes wollte sie nie sein - in eine Gefühlswelt gehörte, in die sie sich als nüchterner denkende Eltern nicht immer hineinversetzen konnten. Doch mit den Jahren hatten sie die Andersartigkeit in Denk- und Lebensauffassung ihrer Tochter akzeptiert, hatten verstanden, dass sie sich völlig ausgab, ihre letzten Kräfte wie unter einem inneren Zwang mobilisierte, rücksichtslos gegenüber sich selbst.
Sie bewunderten ihre Vielseitigkeit, das Berührende ihrer Werke, entstanden aus einem Gemenge von Qual und Lust, von Verzweiflung und unbekümmerter Rastlosigkeit. Sie sahen sie vor sich in ihrem mit Farbtuben, Pinseln, Staffeleien und halbfertigen Bildern ausgefüllten Atelier, arbeitend, Hände, Gesicht und Kleidung mit Farbe beschmiert.
Und sie bewunderten ihre Zähigkeit, ihre Phantasie, ihren Mut.
Als sie das Museum am frühen Abend verließen, drangen Töne eines Gospelkonzertes aus einer nahen Kirche. Schüchtern öffneten sie für einen kurzen Augenblick die Tür. Das Gotteshaus war bis auf die letzte Bank besetzt. So hockten sie sich auf die Kirchenstufen und lauschten lange, sehr lange den Tönen. Und dann Stille, Nachdenklichkeit, kein rhythmisches Klatschen, Respekt - die Seele kann nachschwingen.

Malerei und Musik, ein Gleichklang. Und was ihnen damals so recht bewusst wurde, hatten sie später auf beglückende Weise begleiten dürfen als ihre Tochter mit einem bekannten Musiker zusammen lebte, zusammen arbeitete, als Musik und Malerei harmonisch zu einer Einheit verschmolzen.

Und je älter sie wurden, desto intensiver lebten sie mit ihren Bildern und mit seiner Musik. Jene Abendstunden empfanden sie als unvorhergesehene, außergewöhnliche Bereicherung ihrer Reise. Musik und bildende Kunst, Literatur und Theater waren für sie kein Beiwerk, das man sich gelegentlich leistet. Künste wirken wie Humus auf die Aufgeschlossenheit für die Schönheiten einer sie stets aufs Neue beeindruckenden Natur.

Am späten Nachmittag wollten sie Bernhard, den Sohn eines Freundes, am großen Obelisk treffen.

Erstaunlicherweise waren die Straßen in der Innenstadt nahezu trocken.

Sie erkundeten die Akerburg, die sie so oft schon von der Fähre aus bewundert hatten, und machten sich auf den Weg zum Vigeland-Park.

Als sie fast gleichzeitig an der vereinbarten Stelle eintrafen, begann es wieder zu regnen.

Voll Stolz führte sie der junge Mann, den sie bisher nur flüchtig kannten, in seine schöne kleine Wohnung im Diplomatenviertel der Stadt Oslo. Er hatte sie zusammen mit Grit, seiner Lebensgefährtin, einschließlich aller Möbel, Lampen, Teppichen, Teller und Tassen, Kannen und Gläser, Messer und Gabeln übernommen.

Es wurde ein harmonischer Nachmittag und Abend.

Die lockere Atmosphäre, die Gastfreundschaft der beiden jungen Leute hatte allen gut getan.

Grit hatte ein prächtiges Abendbrot vorbereitet und Bernhard genoss sichtlich, dass ihre Gäste noch einen großen Schluck Cognac in der grünen Flasche mitgebracht hatten.

Erst kurz vor Mitternacht erreichten sie wieder ihren Zeltplatz.

Es war ein harmonischer Abschluss ihrer Reise geworden.

Bernhard – der Sohn eines Freundes.

In der letzten Nacht, die sie in Norwegen verbrachten, brütete Hans noch lange über Menschen nach, die er zumindest für eine gewisse Zeit seines Lebens als seine Freunde bezeichnet hatte.

Freunde auf Zeit! Manche verliert man viel zu früh, wenige gewinnt man erst spät. Und es wird schwieriger mit dem Finden von Menschen, die man als Freund bezeichnen möchte, wenn man älter wird.

Mit manchen Menschen hatte man über viele Jahre hinweg übereinstimmende Interessen, gemeinsame Aufgaben, fühlte sich mit ihnen verbunden. Doch dann verschwanden sie gleichsam wie ein Komet, zu dem man sich allabendlich hingezogen fühlte, im Dunkel der Vergangenheit. Und es ist ungewiss, ob der Freund nach Jahren oder nach Jahrzehnten noch einmal die eigene Bahn kreuzt. Vielleicht würde man ihnen gar nicht begegnen wollen, weil man sich nichts mehr zu sagen hätte; es wäre lediglich ein unnützes Herumtappen im immer dichter werdenden Nebel einstiger Beziehungen.

Doch was verbirgt sich eigentlich hinter dem Begriff „Freund"?

Sind Freunde Menschen, denen man alles anvertrauen kann, die man zu jeder Tages- und Nachtzeit aufsuchen und um Rat fragen darf?

Sind es Menschen, die einem aus einer materiellen oder ideellen Notlage helfen würden, ohne nach den Gründen zu fragen?

Wenn man so anspruchsvoll denkt, ist die Gefahr groß, dass man allein bleibt.

Ein Freund auf Zeit ist schon ein großer Gewinn.

Doch die Fragen ließen ihm lange keine Ruhe.

War Bernhards Vater noch immer sein Freund?

Man hat Freundschaften gewonnen und Freunde auch wieder verloren. Ein solcher Verlust war oft verbunden mit Schmerz, manchmal mit Bitterkeit.

Man müsste sich heiter trennen können.

Und heute?

Es ist ein großer Gewinn, dass es noch Menschen gibt, zu denen du alter Bursche enge Bindungen besitzt, sinnierte Hans. Und er dachte auch an einen jüngeren ehemaligen Kollegen, der ihn in den letzten Jahren interessiert und akribisch bei der Veröffentlichung seiner mathematischen Überlegungen unterstützt hatte. Sie verstanden sich gut, sehr gut, auch außerhalb ihres Fachgebietes.

Ich kann mich auf ihn verlassen, sagte sich Hans, es ist wie ein Geschenk.

Langsam verstummten die Geräusche auf dem riesigen Campingplatz, keine Motoren jaulten mehr, auch die harten Rhythmen, die anfänglich noch aus Wohnwagen dröhnten, waren verstummt.

Kurz bevor Hans einschlief, setzte der Regen wieder ein.

Und er dachte noch: Wenn ich mir einen Freund wünschen dürfte, dann sollte es mein Sohn sein. Es wäre für mich ein großes Glück.

Doch das ist ein hoher Anspruch.

Väter und Söhne - keiner sollte im Schatten des anderen stehen.

Doch manchmal trennt sie mehr als die Zeit einer Generation.

Eltern muten ihre Sorgen den Kindern nicht zu; was sie wirklich bewegt, berührt ihre Kinder kaum. Und wenn diese erwachsen sind, kümmern sie sich vor allem um die eigenen Kinder. Es ist gut so.

1.17 Wieder auf der FANTASY

Heimfahrtag – es regnete wieder.
Hans wurde unruhig – viel zu zeitig krochen sie aus den roten Schlafsäcken.
Die Duschcoupons funktionierten nicht mehr – egal.
Spartanisches Frühstück im Zelt.

In einer kurzen Regenpause brachen sie auf.
Den kürzesten Weg zum Hafen fanden sie nicht, doch die Richtung stimmte
Beim Übergang über eine kleine Fußgängerbrücke sahen sie die Fähre liegen - die
FANTASY von der Color-Line.

„Diesmal werden wir das Schiff rechtzeitig erreichen," meinte Elise und erinnerte
Hans an ihre dramatische Jagd nach der Fähre auf ihrer zweiten Norwegenreise, die
nun schon fast zehn Jahre zurück lag.

Sie hatten. es war am letzten Tag ihrer Reise, die Räder im Gepäckwagen des Zuges von
Lillehammer nach Oslo verstaut.
Elise war beruhigt.
Sie vertraute darauf, dass ihnen nach ihrer Ankunft noch mehr als ein und eine halbe
Stunden Zeit verblieb, um vom Hauptbahnhof zum Hafen zu gelangen.
An der Bahnstation des Osloer Airports war ein Aufenthalt eigentlich nicht eingeplant.
Doch der Zug blieb stehen.
Keiner wusste warum, keiner wusste wie lange.
Die Uhr tickte.
Weit mehr als eine halbe Stunde war verstrichen, der Zug verharrte stur auf den Gleisen,
das Bahnpersonal hüllte sich in Schweigen, Vermutungen machten die Runde.
Man wolle auf die Passagiere einer überfälligen Maschine warten.
Hans wurde nervös, sehr nervös.
Mit fast einer Stunde Verspätung fuhr der Zug in den Osloer Hauptbahnhof ein.
Voller Aufregung hatten die beiden ihre Räder aus dem Gepäckwagen gezerrt, hastig Zelt,
Isomatten und Packtaschen verzurrt und waren - Ampelanlagen ignorierend - in Richtung
Hafen gehetzt.
Zweimal hatten sie an einem Kai vor einer der Riesenfähren gestanden, jedes Mal war es
eine andere Linie. Weniger als fünf Minuten vor dem Ablegen der „Kronprinz HARALD"
erreichten sie die riesige Ladeklappe ihres Schiffes.
Erleichtert schoben sie ihre Räder in den Bauch der Fähre. Und dann hatte der vorsichtige
Hans sich schnell noch einmal erkundigt, ob dies denn tatsächlich das Schiff nach Kiel sei.
Die Frage hatte Verblüffung ausgelöst.
Ob sie sich denn nicht eingecheckt hätten?
Während Hans zu einem etwa dreihundert Meter entfernten Schalter hetzen musste,
klammerte sich Elise verzweifelt an die gewaltige Ladeklappe.

Genau in dem Augenblick, in welchem Hans atemlos wieder das Heck der Fähre erreichte, schwenkte die Ladeklappe nach oben, Musik erklang und das Schiff löste sich vom Kai.
Nicht in der letzten Minute, in der letzten Sekunde hatte er es geschafft, an Bord zu kommen.
Erleichtert hatten sie ihre Kabine bezogen.
Wenige Wochen später war die „Kronprinz HARALD" auf Grund gelaufen.

Diesmal fuhren sie rechtzeitig zum „Check in" und postierten sich wie gewohnt vor einer Gruppe von etwa achtzig Motorradfahrern, die sich selbstsicher um ihre chromglänzenden Fahrzeuge gruppierten. Sie kümmerten sich wenig um die Radfahrer mit ihren bepackten Rädern an der Spitze.

Es hatten sich nur noch zwei weitere Radabenteurer eingefunden, eine sehr heitere, unkomplizierte, kräftige Holländerin, die ganz allein durch Mittelnorwegen geradelt war, und ein dünnes Männlein aus Norddeutschland, das Hans etwas herablassend als „Rumpelstilzchen" bezeichnete.

Ihre Kabine lag in der achten von fünfzehn Etagen der Fähre. Vor dem runden Fenster war ein Rettungsboot platziert worden. Wie es im Notfall zu erreichen war, blieb ein Geheimnis.
Und wieder fanden sie in ihrer Unterkunft für eine Nacht Einrichtungen, auf die sie mühelos verzichten konnten, das Bordtelefon zum Beispiel oder die Television.

Doch nun waren sie selbst gefangen auf einem Schiff, bei dem das Merkmal „Fähre" in den Hintergrund trat, und das versprach, mehr als nur für eine bloße Überfahrt gut zu sein und keine Wünsche offen zu lassen. Doch sie hatten keinen Wunsch als den, am nächsten Tag wohlbehalten im Hafen von Kiel anzukommen. Sie suchten keines der acht Restaurants auf, denn es war noch ein Rest vom Knäckebrot und ein Stück Käse in ihrem Proviantbeutel.

Den Angeboten der Einkaufspromenade konnten sie nur deshalb nicht widerstehen, weil sich noch etliche hundert norwegische Kronen in ihrem Brustbeutel tummelten. Elise bekam ein Paar Hausschuh aus Elchleder und Hans leistete sich auf Elises Wunsch eine kleine Brieftasche; er besaß nun deren drei.

Es war noch immer trüb.
Oslo versank im stärker werdenden Regen.
Sie würden diese Stadt nie wieder sehen.
Und dann zogen sie sich in ihre Kabine zurück, in einen der 996 Schlafräume auf diesem Schiff, auf dem über 2700 Passagiere untergebracht werden konnten.
Elise kletterte in das obere Etagenbett.
Es war alles sehr bequem - fast so bequem wie in ihren Schlafsäcken.

1.18 Abschied von Norwegen

Für die letzten NOK leisteten sie sich noch ein prächtiges Frühstück.
Für die allerletzten NOK kauften sie noch eine Tafel Schokolade.
Dann waren sie alle, ihre NOK.

Doch sie benötigten auch keine mehr.
Sie waren am Ende ihrer Fahrt angelangt.
Und es würde wohl auch ihre letzte Reise nach Norwegen gewesen sein.
Sie war ausgewogen und traumhaft schön, diese Fahrt, keinen Tag zu lang und keinen Tag zu kurz.
Über 1400 km waren sie mit ihren Rädern in den vier Wochen unterwegs gewesen.
Diesmal hatte sie alle ihre Pläne realisieren können. Sie wussten aus Erfahrung, dass dies keine Selbstverständlichkeit ist. Und es waren nicht nur erkämpfte Erfolge, es sind wohl auch glückliche Umstände gewesen, welche diese Wochen so wertvoll gemacht hatten.

Die Kieler Bucht kam in Sicht.
Elise drängte.
Sie wollte in den Bauch der Fähre, sie wollte zu ihrem Rad.

Sie möchte heim.
Im Autodeck trafen sie noch einmal die lustige Holländerin.
Leider gab sie sich lachend mit dem „Rumpelstilzchen" ab.
Hans fand dies etwas unpassend.

Auf dem Bahnhof in Kiel hatten sie noch fast zwei Stunden Zeit, Gelegenheit für ein zweites Frühstück in einer verführerischen Bäckerei.

Während der Fahrt nach Leipzig lehnten sie sich genüsslich zurück und schlossen die Augen.
Noch einmal glitten die vertrauten Bilder norwegischer Landschaften vorbei.

Es begann schon zu dämmern, als sie an ihrem Haus am Rande des Seume-Parks eintrafen.

Vor der Tür lag ein Zettel: Herzlich willkommen.
Irgendjemand hatte den Rasen gemäht.

Im Haus blinkte der Anrufbeantworter.

Der Alltag grüßte.

Vielleicht drohte er auch.

2. Auf der Insel aus Feuer und Eis

2.1 Festgenagelt

Sie wollten es eigentlich nicht noch einmal wagen.

Vor einem knappen Jahr hatten sie zu zweit eine wunderbare harmonische Reise durch Norwegen unternommen und geglaubt, dass dies recht gut der krönende Abschluss ihrer etwas ungewöhnlichen Touren mit Rad und Zelt gewesen sein könnte.

Überraschenderweise kam es noch einmal anders.

Ein Zusammenspiel unterschiedlicher Faktoren führte nahezu zwangsläufig zu einem Unternehmen, wie die beiden Alten es eindrucksvoller bisher nicht erlebt hatten.

Da hockte noch immer der sehr informative Reiseführer „Island per Rad" an einer schwerlich zu übersehenden Stelle im Bücherschrank. Da nagten noch immer die begeisterten Schilderungen eines Freundes an Hans' Seele. Jener war als noch „junger Bursche" von knapp fünfzig Jahren zusammen mit einigen Freunden auf Islands Straßen mit dem Rad unterwegs gewesen.

Und dann hatten sie - scherzhaft und etwas leichtsinnig - der „Weltenbummlerin" Maria gerade jene Insel im Norden als heimliches Ziel für eine weitere Radreise genannt.

„Da fahre ich mit", meinte Maria spontan, als wäre dies die natürlichste Sache der Welt. Und damit waren sie plötzlich festgenagelt, die beiden Alten.

Ihre Gefühle schwankten zwischen Sorge und Vorfreude. Hans' Knie taten plötzlich wieder weh. Und Elise quälte wieder einmal ihre „Grille", wie sie die etwas unangenehmen Geräusche in ihrem Kopf bezeichnete. Auch plötzlich auftretende zarte Kreislaufprobleme würden ihre Belastbarkeit einschränken, so glaubte sie.

War es der psychische Druck, der die beiden zunehmend belastete?

Wahrscheinlich war es das Alter - die Zeit der Verluste - nicht daran denken.

„Glück ist Scharfsinn für Gelegenheiten und die Fähigkeit, sie zu nutzen", zitierte Hans etwas forsch einen Spruch von Sam Goldwyn, als Elise noch einmal ihre Bedenken äußerte.

Beide kannten Maria als zuverlässige, tatkräftige und belastbare junge Frau seit längerem. „Mit einer solchen Partnerin könnte man es eigentlich wagen", meinte Hans. Doch so ganz wohl war ihm nicht dabei, denn er verfügte kaum über Erfahrungen, wie man sich bei einem so spektakulären Unternehmen zusammen mit einer noch jungen Frau verhalten sollte.

Würde die Harmonie ihrer Zweisamkeit erhalten bleiben, die sie auf all ihren früheren Reisen begleitet hatte? Würde Maria, die jugendliche, ehrgeizige, unternehmungslustige Frau, eine Führungsrolle in dem Reisetrio beanspruchen? Würden er und Elise dann vielleicht nur noch ein Anhängsel sein? Würde Maria die körperliche Fitness einer um weit mehr als zwei Jahrzehnte jüngeren Frau gegenüber Elise ausspielen?

Wie könnte ich dann auf einfühlsame Weise die Betriebsamkeit der vitalen Frau dämpfen, dachte Hans.

Wie sich später herausstellte, waren all ihre Befürchtungen völlig unbegründet. Es stellte sich auf natürliche Weise eine Harmonie, ein verständnisvolles Miteinander ein. Hans empfand dies später als den bedeutsamsten und durchaus nicht selbstverständlichen Gewinn ihrer gemeinsamen Reise.

Vor ihrer letzten Norwegenreise hatten sie ein fünftägiges „Trainingslager" in Zell am See absolviert und als Höhepunkt mit ihren Trekkingrädern die Großglockner-Hochalpenstraße bezwungen. Vor der neuen Herausforderung mussten sie sich allerdings mit mehreren Tagestouren durch das Tal der Mulde begnügen.

Und so packten Elise und Hans wieder ihre vielfach bewährte Ausrüstung zusammen. Ein neuer Gaskocher kam dazu sowie ein Ersatzreifen der Marke Schwalbe Marathon XR, also beste Qualität für Islands raue Straßen. Ansonsten vertrauten sie auf ihre Erfahrungen.

Maria dagegen musste sich für ihre erste große Radreise mehrfach aufrüsten: Ein Lowrider für die neuen wasserdichten Radtaschen, dazu ein Bo Hilleberg-Zelt, das beste, was damals zu haben war.

Doch wie transportiert man Trekkingräder in einem Flugzeug nach Island? Billige Transportkartons aus Pappe sind unhandlich, wenig strapazierfähig und auf Rädern kaum zu befördern. Im Handel verfügbare Packtaschen für Räder waren teuer und meist zu klein.

Durch Zufall ergab sich eine hervorragende Lösung. Ein bereits im Rentenalter befindlicher Sattler nähte für die drei Reisewilligen aus grüner LKW-Plane Taschen, die sich als außerordentlich praktisch erwiesen. Diese „grünen Tüten" waren vergleichsweise leicht, jedoch hinreichend robust. Man konnte sie auf ein vertretbares Packmaß zusammenlegen und auf praktische Weise mit Schnüren verschließen. Diese ideale Verpackung wurde auf Flughäfen und Zeltplätzen von Radfahrern als „Objekt der Begierde" vielfach bestaunt und bewundert. Voller Übermut malten sich Maria und Hans aus, wie man eine Großproduktion ankurbeln und das heiß begehrte Verpackungsmaterial weltweit vertreiben könne. Heimlich sahen sie sich schon als erfolgreiche Großunternehmer.

Träumen allein macht zwar nicht wohlhabend, kann aber unsägliches Vergnügen bereiten.

Die isländische Krone war damals eine stabile Währung. Für 1000 EURO bekam Hans an einer zentralen Wechselstelle 122 000 solcher ISK.
Sie reichten dennoch nicht weit. Doch Schlitze an Bankautomaten für ihre Geld-Karten gab es auch auf der Insel aus Feuer und Eis.
Nur manchmal waren die Automaten leer.
Es waren offenbar zu viele Touristen im Land und die Preise erwiesen sich als unerwartet hoch.
Doch bereits ein Jahr später ereilte die Banken- und Wirtschaftkrise auch dieses wirtschaftlich scheinbar so solide Land.

2.2 Ankunft in Keflavik

Kurz nach 4 Uhr klingelte der Wecker.
Wenige Minuten später rief Elise vorsorglich ihre Reisegefährtin an.
Maria hatte am Vorabend mit vielen Freunden und Bekannten in großem Stil ihren Geburtstag gefeiert und war möglicherweise gar nicht ins Bett gekommen.
Kurze Zeit später schlossen Hans und Elise sorgsam ihre Haustür ab.
Der Seumepark blieb im Dämmerlicht zurück.
Es war wieder einmal ein Abschied, eine Trennung. Die beiden Alten tauschten die Ruhe und Geborgenheit ihres vertrauten Umfeldes ein gegen ungewisse und möglicherweise sogar fragwürdige Abenteuer in einem öden Eiland.
Was wollte man dort?
Was suchte man dort?
Mehr als vier Wochen eine unwirtlichen Insel mit dem Rad zu erkunden ist auch für die unbekümmerte Jugend mitunter ein Problem, für die beiden Alten hingegen bedeutet es eine gewaltige Herausforderung.
Doch nun war die Tür hinter ihnen zugeschlagen.

Am Bahnhof half ihnen ein junger Bursche, die schwer bepackten Räder durch die enge Waggontür zu bugsieren.
An einem der Unterwegsbahnhöfe stieg Maria zu; ihre Schwester hatte sie und ihr Gepäck zum Haltepunkte gefahren.
Und damit hatte es eigentlich erst richtig begonnen, ihr gemeinsames Abenteuer.

Der Vogtland-Express, ein Konkurrenzunternehmen der Deutschen Bundesbahn, war pünktlich und das Zugpersonal behandelte die drei Reisenden trotz ihres vielfältigen Gepäcks außerordentlich zuvorkommend.
Auf dem Flughafen in Schönefeld wurden die Räder in die „grünen Tüten" verpackt. Alles erfolgte schnell und reibungslos. Penible Gepäckkontrollen sparten allerdings auch die Räder nicht aus, mehrfach warfen eifrige Beamte misstrauische Blicke in die großen Fahrradtaschen.
Dann hob die Maschine ab.
Berlin verschwand hinter Wolkenformationen.

Noch vor dem Landeanflug auf Island konnte man die gezackten Küstenlinien der Insel erkennen, das Mäandersystem der Gletscherflüsse und die riesigen Eisflächen des Vatnajökull und des Myrdalsjökull.

Da lag es nun vor ihnen, das junge Land, das erst vor kurzem, vor etwa 20 Millionen Jahren, aus dem Meer aufgetaucht war und ständig weiter wächst.

Die Maschine setzte nach einem etwa zweistündigem Flug sicher in Keflavik auf. Eine Selbstverständlichkeit? Eigentlich nicht, denn kurze Zeit nach ihrer Rückkehr in die Heimat erfuhren sie von einer Flugzeugkatastrophe in Madrid.

„Die Wahrscheinlichkeit eines Absturzes ist sehr gering", beruhigte Hans seine Begleiter, „viel eher würde man bei einem Verkehrsunfall ums Leben kommen, wenn man eine gleich lange Strecke mit dem Auto zurück legt. Doch tröstlich ist dieser Gedanke nicht, denn über den Einzelfall bei einer Flugreise sagt diese Erkenntnis gar nichts aus. Dennoch glauben die meisten Leute, dass gerade ihnen nichts passiert. Genau umgekehrt ist es beim Lotto: Jeder weiß, wie gering die Gewinnchancen sind, und doch hofft jeder auf das große Los."

Es dauerte geraume Zeit bis ihr Gepäck auf den Bändern erschien und die Räder in den „grünen Tüten" ausgeliefert wurden. Noch war Hans damit beschäftigt, die vorsichtigerweise abgelassene Luft in den Reifen zu ersetzen, als Maria ihn mit aschfahlem Gesicht anstarrte. Sie müsse mit der nächsten Maschine nach Berlin zurück fliegen. Im Trubel ihrer Geburtstagsfeier hatte sie vergessen, in ihr Gepäck auch das Gestänge für das neue Zelt aufzunehmen. Und ohne ein solches wäre es wohl nicht zu gebrauchen. Wir werden in Reykjavik eine Lösung finden, hoffte Hans. Auch Elise fand viele tröstende Worte.

Als sie schließlich das kleine Flughafengebäude als letzte Passagiere verließen, schlossen sich hinter ihnen die Türen. Es schien, als hätten die Angestellten des Airports von Keflavik mit ihrem Halbtagsjob nur darauf gewartet.

Island empfing sie mit Sonnenschein, doch es wehte ein scharfer, kalter Wind. In Böen wirbelte er Staub auf, grau, braun, manchmal auch rötlich gefärbt.

Bis zum nächsten Campingplatz waren es nur reichlich drei Kilometer. Er bestand aus einer Baracke mit einem spartanisch eingerichteten Aufenthaltsraum.
Man hatte ihn inmitten einer wüstenähnlichen Landschaft errichtet.
Den Platz umgab eine karge gelbe Wiese. Es gab keinerlei Bepflanzung, die als Schutz vor dem beißenden Wind dienen konnte.
Sie benötigten alle sechs Hände zum Aufbau des noch funktionstüchtigen Zeltes.
Und es war kalt.

Zu dritt krochen sie in ihre Behausung.

Das Gepäck musste im Freien bleiben.
Elise suchte sich den angenehmen Platz in der Mitte.
Vielleicht muss diesbezüglich morgen gelost werden, dachte Hans.
Doch eigentlich war es ihm egal.

2.3 Reykjavik im Regen

Man kann auch zu dritt in einem Zweimannzelt gut schlafen.

Ob diese Erfahrung allerdings über viele Wochen anhalten würde, war fraglich.

In dem winzigen Büro des Campingplatzes erkundigte sich Maria nach einer Möglichkeit, die drei Behältnisse für den Fahrradtransport im Flugzeug für die Zeit ihres Islandabenteuers zu deponieren. Die Betreiber des Campingplatzes in unmittelbarer Nähe des Flughafens hatten sich seit langem auf derartige Dienstleistungen eingestellt. Für ein Entgelt von 85 EURO wurden die drei „grünen Tüten" in eine klitzekleine Sperrholzbox gequetscht.

Island ist ein teures Land für Touristen. Und in einer Situation, in der man kaum eine Alternative hat, kann man erbarmungslos ausgebeutet werden. Allerdings hatten sie auf ihrer Reise solche Erfahrungen recht selten machen müssen.

Der böige Wind hatte etwas nachgelassen, doch es war noch immer kalt. Sie fuhren auf der gut asphaltierten Straße Nr. 1, dem „Highway number one", in Richtung Reykjavik. Einen Radfahrstreifen gab es nicht.

Der erste Eindruck von der Landschaft Islands war deprimierend.
Rechts und links der Straße starrte sie steiniges, rotgraues Land an, Lavafelder, keinerlei Vegetation, trostlose Einöde.

Nur selten war eine aus Holz und Blech bestehende Hütte mitten im graubraunen Gestein zu entdecken. Doch diese Behausungen schienen unbelebt zu sein, die Farbe bröckelte und verblich schließlich, der Rost nagte an den Dächern.

Die Seeluft fraß alles und an allem. Es war ein Anblick, der eine Gänsehaut verursachte.

Und hier soll ich mehrere Wochen verbringen, seufzte Elise und dachte an die heimatlichen Gärten und Wälder. Doch man muss warten können, tröstete sie sich. Sie würden schon noch kommen, die faszinierenden Landschaften Islands.

Landrover, ausgestattet mit dem in Island erforderlichen Allradantrieb, rasten an den drei einsamen Radfahrern vorbei. Die Fahrbahn gehörte den hochgelegten Fahrzeugen, deren Fahrersitze man wohl nur mit einer Leiter erklettern konnte. Junge Fahrer imponierten sich selbst.

Die Straße nahm mehr und mehr autobahnähnlichen Charakter an, ein untrügliches Zeichen dafür, dass sich die drei Radfahrer der Hauptstadt Reykjavik näherten.

An nicht wenigen Stellen wurde noch gebaut, allerdings nicht an begleitenden Radwegen. Die benötigt in Island kaum einer.

Auch Reykjavik erwies sich gegenüber den vagabundierenden Radfahrern als unfreundliche Stadt; die einzelnen Ortsteile waren vorwiegend durch vierspurige Autobahnen verbunden.

Zunächst mussten sie versuchen, das Zeltstangenproblem zu lösen. Ein erster Schritt war der Kauf eines superleichten Einmannzeltes in einem Geschäft der Reihe „Intersport". Es sollte jedoch noch eine weitaus größere Verkaufstelle für Campingartikel aller Art in Reykjavik geben, teilte man ihnen mit.

Und was keiner so schnell zu hoffen wagte, trat ein: Ein hilfsbereiter junger Verkäufer passte Marias auf dem Boden jenes Geschäftes ausgebreiteten Zelt ein Gestänge an, das man vom Original kaum unterscheiden konnte.
Glück gehabt!

Riesengroß präsentierte sich der Campingplatz von Reykjavik, ein Umschlaghafen für Touristen jeglicher Art: Einsame Wanderer, Familien mit gewaltigen Wohnwagen, Jugendgruppen aus fast allen europäischen Ländern, Erlebnisreisende in robusten Wohnmobilen, einige wenige verwegene Radfahrer.

In einem etwas abseits gelegenen Teil des Platzes konnte zwischen drei schwachbrüstigen Bäumen Marias stabiles Zelt aufgebaut werden. Das freudige Ereignis wurde mit einem Becher Cognac gefeiert.

Für das Abendbrot kochten die beiden Frauen in einen Topf nahrhafte Nudeln, ein Gericht, an das sie sich gewöhnen würden.
Ein frostiger Wind ballte die Faust.
Nässe kroch über die Wiesen.
Und der Weg zu den Sanitärgebäuden war weit, sehr weit.
Auch für den kommenden Tag war raues Wetter angekündigt.

Frühstück in Marias Vorzelt.
Anders ging es auch nicht.
Aus einem dunkelgrauen Himmel fiel auch am Morgen ein feiner, kalter Regen. Eingehüllt in die schon vielfach bewährten roten Regenjacken fuhren sie mit ihren soliden Rädern in Richtung Innenstadt, vorbei am metallenen Wikingerschiff in Hafennähe und am Höfdi-Haus, in welchem 1986 Michael Gorbatschow und Ronald Reagan sich vorsichtig abtastend begannen, die Politik des kalten Krieges abzubauen. Nachdenklich standen sie vor diesem Haus.

Hier begann eine geschichtliche Entwicklung, die nur wenige Jahre später den Zerfall der Sowjetunion und den Beitritt der DDR zur BRD nach sich zog. Die Ereignisse glichen einer mächtigen, unaufhaltsamen, sich immer wieder neu formierenden, von machtbesessenen Politikern und einem globalen Markt gesteuerten Flutwelle. Durch sie sind in einem historisch außerordentlich gedrängtem Zeitraum neue Konturen, veränderte Machtverhältnisse entstanden, Wertvorstellungen und Auffassungen haben sich verschoben.

So schnell geschieht Geschichte.
Sie wird sich nicht ausruhen.

Relativ ziellos fuhren sie auf regennassen engen Straßen weiter durch die historische Innenstadt von Reykjavik. Im Informationszentrum hielten sie sich längere Zeit auf, nicht nur, weil sie auf einem großartigem Relief inmitten eines Raumes einen ersten Eindruck von Küsten, Gebirgszügen, Wüsten und Gletschern Islands erhielten, sondern weil die Ausstellungsräume eine angenehme wohltuende Wärme ausstrahlten.

Es regnete noch immer in Strömen. Die Hallgrimskirkja, die das Stadtbild dominierende Kirche mit ihren weißen an Basaltsäulen erinnernden aufstrebenden Betonpfeilern, stieß ihre Spitze in den dunkelgrauen wolkenverhangenen Himmel. Durchnässte Menschen flüchteten in das Kirchenschiff.

Hans schloss die Räder an ein Gitter. Maria kaufte inzwischen Karten für ein Orgelkonzert, das wenige Minuten später beginnen sollte.

Es war das beste, was sie unter den gegebenen Umständen tun konnten.
Und dann brausten Orgeltöne durch das Gewölbe des Kirchenraumes.
Für zwei Stunden hatten sie ein ideales Obdach gefunden, die Augen geschlossen, Musik und Wärme genossen.

Wieder zurück zum Campingplatz:
Nässe von oben und unten.
Der Regen fiel in perlenden Schnüren.
Sie krochen in ihre Zelte.
Sie waren dicht.

Aus den Schlafsäcken strömte ein Gefühl der Behaglichkeit.

Hans erinnerte sich an eine Situation während einer Norwegenreise, als ihnen in einem scheinbar ausgebuchtem Motel in Bergen eine Hütte angeboten wurde.
Zelten war in jener Zeit dort nicht mehr erlaubt. Triefend nass und frierend waren sie dort angekommen, froh zunächst, ein festes Dach über dem Kopf zu haben. Doch nach kurzer Zeit drang ein bestialischer Gestank aus einem alten Kühlschrank, größere Mengen verfaulten Fleisches hatte man offenbar mehrere Tage an diesem Ort aufbewahrt.
Es war nicht länger auszuhalten.
Schmerzlich vermissten sie ihr so behagliches Zelt.
Doch dann hatten sie den ekligen, stinkenden Schrank kurzerhand in den strömenden Regen transportiert.
Dem Motelbetreiber wurde am nächsten Morgen unverblümt und lautstark ihr Ärger übermittelt.
Es prallte an ihm ab wie an einer Ölhaut.

Elise wurde von gesundheitlichen Problemen geplagt. Sie dachte heimlich darüber nach, ob es klug war, in dieses kalte, karge Land zu reisen.

Man hat nicht mehr sehr viel Zeit.

Vielleicht sollte man seine Reiseziele sorgfältiger auswählen, wärmere Landstriche aufsuchen.
Es waren intime, grüblerische Gedanken.

Abends planten sie in Marias Vorzelt für den kommenden Tag.
Wie auch immer sich das Wetter entwickeln würde, sie wollten weiter fahren, weiter nach Thingvellir, dem heiligen Ort aller Isländer.

Elise rief noch einmal in der Heimat an.
Die erste Karte aus Island ging an ihren Enkel Klemens.
Ob es ihm gut geht?

2.4 Unwetterfahrt nach Thingvellir

Elise hatte schon am Vortag Blasenprobleme.
Hans bekam in der Nacht einen Wadenkrampf.
Letzteres geht meist schnell vorüber.
Elises Beschwerden waren von längerer Dauer.
Und das war schlimm.

Unruhig schliefen die drei Radabenteurer auf dem Campingplatz mit seinen zahllosen Zelten.
Es war ein nüchternes Massenlager, ein flüchtiger Platz für Menschen, die auf einer Durchreise nach „irgendwohin" sind.
Und alles war anonym, auch der Nachbar ohne Antlitz, der keine acht Meter von ihnen entfernt sein Zelt aufgeschlagen hatte.
Er blieb wohl auch nur für eine Nacht, vielleicht für zwei.
Er war ein „irgendwer" auf diesem Campingplatz.
Doch das waren sie auch.
In der Nacht schüttete es Wassermassen prasselnd auf das Zeltdach.
Der Wind jaulte.
Er jagte Fetzen von Papier, leere Dosen, Plastiktüten über den schlammigen Platz.
Er hockte vor dem Zelt, zerrte an den Leinen und begehrte Einlass.
Doch ihre Behausungen erwiesen sich als dicht und unverwundbar.

Gegen Morgen ging der Regen in feines, alles durchdringendes Nieseln über.
Marias Thermometer zeigte knapp acht Grad an.
Zu den Sanitäranlagen gelangte man nur über schlammige Pfade.
Und dort drängte man sich vor Waschbecken, Duschanlagen und Toiletten.
Ein Aushang mit aktuellen Wetteraussichten war dicht umlagert.
Er verhieß für die folgenden Tage wenig Erfreuliches, Kälte, Regen, Sturm.

Marias Vorzelt sollte für die kommenden Wochen ihr Aufenthaltraum werden.
Die zwei Quadratmeter Platz reichten vollkommen aus, um gemeinsam das Frühstück einzunehmen, Karten zu studieren, sich über die nächsten Reiserouten zu beraten.
Und doch waren sich alle drei an diesem Tag einig: Trotz der widrigen Wetterbedingungen sollte die Fahrt in Richtung Thingvellir fortgesetzt werden.

Es war nicht leicht, den Weg heraus aus der Stadt nach Mosfellsbaer zu finden.
Elise hatte noch immer gesundheitliche Probleme.
Eingehüllt in Regenjacken und Regenhosen, Kapuzen über den Helmen, die robusten „Islandschuhe" an den Füßen, mit Regen abweisenden Handschuhen an

den Lenkergriffen, so versuchten sie die reichlich sechzig Kilometer Weg nach jenem Platz zu überwinden, an dem vor mehr als tausend Jahren der Althing, die Volksversammlung der Isländer, zum ersten Mal zusammen kam.

Doch noch konnten sie nicht ahnen, was auf sie zu kam.
Der leichte Nieselregen ging in handfeste Schauer über.
Sie fanden Schutz in einer kleinen Cafeteria. Mit Kaffee, Tee und Gebäck versuchten sie, Zeit zu gewinnen und günstigeres Wetter abzuwarten.
Doch es wurde nicht günstiger. Es schüttete weiter und starker Wind kam auf.
Er wehte heftig in den Rücken der drei Fahrer auf ihren schwer bepackten Rädern, zerrte an ihren Regenjacken, stürzte sich auf die Packtaschen und verleitete auf den glitschigen, mit Schlaglöchern übersäten Straßen zum Fahren mit gefährlichen Geschwindigkeiten.

An eine Weggabelung trafen sie ein noch junges Ehepaar aus Stuttgart, das auf zwei Rädern und einem kleinen Anhänger ein halbes Jahr lang den Norden Europas erkunden wollte.
Über England und Schottland waren sie nach Island gekommen, über Norwegen und Dänemark wollten sie dann zurück nach Baden-Württemberg.

Das wäre allerdings etwas zu viel für Elise und Hans, dazu ist ihre Lebenszeit inzwischen zu knapp geworden.

Es konnte - leidlich geschützt vor Sturm und Regen hinter einer kleinen Hütte - nur ein knapper Gedankenaustausch bleiben. Doch die Reisenden sollten sich noch mehrfach begegnen.

Die Straße wurde zunehmend schlechter, die tiefen Löcher waren bis zum Rand mit Wasser gefüllt, vorbeifahrende Autos schleuderten rücksichtslos Fontänen über die einsamen Radler.

Sie waren Randfiguren, waren Verlierer, wurden ignoriert oder grinsend belächelt.

„Siegen kann jeder", murmelte Hans, „das Verlieren werden wir noch lernen müssen."

„Wer ein Ziel hat, nimmt auch schlechte Straßen in Kauf", erinnerte sich Maria.

Galgenhumor - mit derart katastrophalen Straßen hatte keiner gerechnet.

Sie wussten, dass es mehrere Campingplätze rund um Thingvellir geben sollte.

Der erste, den sie erreichten, lag unmittelbar neben einem stark frequentierten Informations- und Service-Zentrum, dominiert von Wohnwagen und Outdoor-Fahrzeugen.

Es herrschte eine hektische Unruhe.

Einen solchen Platz hatten sie nicht gesucht.

Sie suchten Abgeschiedenheit, einen Ort, den sie mit nur wenigen Menschen teilen mussten.

Den sollte es doch in Island geben

Bei unvermindert strömendem Regen fuhren sie weiter in Richtung eines Sees, dem Thingvallavatn. Elise und auch Maria waren nahe daran, ihre Weiterfahrt aufzugeben und umzukehren, als Hans durch den Regenschleier einen schlichten Wegweiser entdeckte: Vatnskot.

Das war er, der Campingplatz, nach dem sie suchten.

Er lag unmittelbar am See, besaß einen winzigen Sanitärtrakt und unter einer Überdachung einen Tisch mit Bänken.

Und sie waren völlig allein.

Mühevoll bauten sie im Sturm ihre Zelte auf.

Manchmal kroch der Wind in das Zeltinnere und ließ es mit einer Bö höhnisch lachend in die Lüfte steigen, manchmal schlüpfte er sogar unter die Bodenmatten und wirbelte sie über die Wiese.

Doch schließlich blinzelten die beiden Zelte verschmitzt wie Geschwister aus dem hohem Gras zu den drei Reisenden hinüber, die inzwischen unter dem schützenden Dach ihren Kocher in Betrieb setzten konnten.

Später kam eine junge Französin vorbei, die offenbar als Single durch Island trampte. Man bewirtete sie mit einer Tasse heißem Tee, was sie offenbar für selbstverständlich hielt.

Das war es ja auch.

Eine flüssige Unterhaltung konnte nicht zustande kommen. Hans verteufelte sein nachlassendes Gedächtnis. Vor einigen Jahren, sie planten eine Radreise durch die Bretagne, hatte er sich intensiv mit der französischen Sprache beschäftigt.

Doch angesichts der drei ihn umgebenden Frauen schienen sämtliche für französische Wendungen reservierten Speicherplätze seines Hirnes leer zu sein.

So plötzlich wie sie aufgetaucht war, verschwand die junge Frau wieder.

Es war noch immer nasskalt. Vergeblich versuchte der Wind, ihre Sachen zu trocknen. Sie gingen zum See. Nur wenige Angler standen mit bis unter die Schulter reichenden undurchlässigen Hosen im Wasser.

Für kurze Zeit schaute dann doch die Sonne hinter den Wolken hervor und zauberte eine fantastische Beleuchtung über die Seenlandschaft.

Die Welt schien wieder in Ordnung zu sein.

Auch am nächsten Morgen waren sie noch immer allein auf dem idyllisch gelegenen, ruhigen Campingplatz.

Maria badete im See.

Hans nicht.
Hatte er da etwas falsch gemacht?

Sie ist immer ein bisschen mit einem Risiko verbunden, eine Reise zu dritt, grübelte er vor sich hin. Manchmal halten zwei Partner zusammen, nicht unbedingt gegen den dritten, aber ein bisschen ohne ihn.
Und seine Gedanken spielten weiter auf der Klaviatur seiner Gefühle:
Welche Paarungen könnten sich denn einstellen?
Dass er sich mit seiner Elise verbunden fühlte, war selbstverständlich und auch, dass Elise niemals der alleinstehende Reisende wäre.
Vielleicht könnten die beiden Frauen sich einmal gegen dich verbünden, sinnierte er weiter.
Dies wäre sicher nicht allzu tragisch und wahrscheinlich auch zeitlich begrenzt.
Im Grunde war es eine überaus glückliche Fügung, dass es keine Fremdheit, keine Dissonanzen, dafür aber ungetrübtes Vertrauen zwischen ihnen allen gab.
Und das soll so bleiben.

Später, sehr viel später wurde sich Hans bewusst, dass Maria zur Generation seiner Kinder gehörte.

Als sie etwas fröstelnd am Frühstückstisch saßen, tauchte die junge Französin wieder auf.
Wieder war sie allein.
Wieder fehlten Hans die Worte.
Und wieder huschte sie nach wenigen Minuten davon.

Thingvellir gehört der Vulkan- und Spaltenzone an, die sich von Südwesten nach Nordost quer durch Island zieht. Hier reißt die Erdkruste auf. Die Gegend ist Teil des nordatlantischen Rückens, der die nordamerikanische von der eurasischen Kontinentalplatte trennt.
In den letzten zehntausend Jahren waren diese Platten um siebzig Meter auseinander gedriftet. Dabei hat sich der Boden des Tales um vierzig Meter gesenkt.
Und die Entwicklung ist keineswegs abgeschlossen.
Island wird auf diese Weise ständig größer.
Noch nie hatten die drei ein Landschaftsgebiet erlebt, an dem man die gewaltigen Kräfte aus dem Erdinneren, welche sogar ganze Kontinente verschieben und Gesteinsschichten brechen lassen, so unmittelbar erleben konnte.
Staunend und wohl auch etwas demütig liefen sie durch die Spalte, die teilweise als Weg nutzbar, oft aber mit Wasser gefüllt war.
Ein Parkplatz für Busse befand sich oberhalb der Schlucht.

Man lud Touristen aus.
In langen Reihen wurden sie auf vorgeschriebenem Weg zu einem weiteren Platz geführt, an dem erneut Busse ungeduldig auf Passagiere warteten.

Sie wussten es, sie hatten sich bereits während ihrer Reisevorbereitung informiert: Es war eine bedeutende, eine geschichtsträchtige Gegend, in der sie sich befanden. Hier im Kreuzungspunkt wichtiger Reitpfade kam gegen Ende der Besiedlung Islands im neunten Jahrhundert erstmals das isländische Parlament, der Althing, als gesetzgebende und Recht sprechende Versammlung zusammen.
Hier wurde die Einführung des Christentums für ganz Island beschlossen. Im Nationalmuseum in Reykjavik würden Hans und Elise am Ende ihrer Reise noch mehr über die historische Bedeutung dieses Ortes erfahren.

Und dann saßen sie wieder unter ihrem überdachten Sitzplatz.
Es war kalt, doch es regnete nicht.
Jeder hing seinen Gedanken nach. Sie hatten einen Ort kennen gelernt, in dem es Formen eines demokratischen Lebens bereits vor mehr als tausend Jahren gegeben hatte, in einer Zeit, in der im restlichen Europa noch jahrhundertlang feudale Herrschaftsstrukturen dominierten.

Noch ein Blick zum fischreichen Thingvallavatn, dem größten See Islands, der sein Wasser aus unterirdischen Quellen und Zuflüssen des Gletschers Langjökull bezieht.
Noch einmal tief Luft holen an diesem Ort der Ruhe.
Dann bepackten sie ihre stabilen Räder und brachen auf nach Laugarvatn, einem winzigen Ort, den Reiseberichte als kleines, freundliches Städtchen mit einigen Bäumen und fast kochenden Quellen beschreiben. Sogar eine Sauna und ein Schwimmbad in einem See soll von diesem heißen Wasser beheizt werden.
Die Latte ihrer Erwartungen lag hoch.
Die Straße stieg steil an, der Verkehr nahm rasch zu.
Unversehens ging der Asphalt in eine etwa zehn Kilometer lange Schotterpiste über. Ihr folgt eine Abfahrt auf Asphalt bei einem Gefälle von vielleicht fünfzehn Prozent, sie ging plötzlich und völlig unerwartet wieder in eine Schotterpiste über.

Laugavatn empfing sie bei diesem tristen Wetter als eine trostlose Stätte.
Der angekündigte Campingplatz war zunächst nicht zu entdecken.
Dreimal fuhren sie an einer ungepflegten Wiese vorüber bis sie erkannten, dass genau dies der gesuchte Zeltplatz war.
Er war kaum belegt.
Ein morscher Tisch wurde okkupiert.
Maria hatte die Verwaltung der „Kriegskasse" übernommen.

Ihre Erkundungstour in einem kleinen Supermarkt endete kläglich.
Noch nie hatte sie ein so spartanisches Angebot angetroffen.
Es regnete wieder heftiger.
Keiner hatte mehr Lust, sich im See mit den heißen Quellen zu erquicken.
Die besten und stets zuverlässigen Plätze am Ende eines langen Tages waren noch immer die Schlafsäcke.

2.5 Auf der Suche nach Gaskartuschen

In den nächsten Tagen wollten sie es wagen, die Fahrt auf der Kjölur-Route mitten durch Island bis in den hohen Norden der Insel. Diese Tour ist eine der beiden Möglichkeiten einer Inlanddurchquerung, die mit Rädern vielleicht gerade noch möglich ist, falls die Wetterbedingungen günstig sind.
Die andere, die Spregisandur, wäre die noch schwierigere. Doch auch für die Fahrt auf der Kjölur sollten sie wenigstens vier bis fünf Tage einplanen.

Sie wussten, dass es nur den spartanischen Campingplatz Hveravellir nach knapp zwei Dritteln der Strecke gab, sonst nichts außer Gestein, Geröll und Staub.
Wenn sie Glück hatten, konnten sie ein kleines Rinnsal entdecken, das von den Gletschern zu beiden Seiten der Piste gespeist wurde.

Auf dem Weg zum Anfang jener Route, die ins Nichts führte, lagen - auch das war ihnen bekannt - noch vielbesuchte Touristenattraktionen, beeindruckende Geysire und der vielleicht schönste Wasserfall Islands, der Gullffoss.

Zunächst fuhren sie an einem Zeltplatz in der Nähe einer kleinen Kirche vorbei, der als außerordentlich komfortabel angepriesen wurde. Hier hofften sie, eine neue Gaskartusche für ihren kleinen Kocher erwerben zu können. Auf so manches konnten sie verzichten bei einer Tour durch Islands Wüstenlandschaft, doch zu den Dingen, die man wirklich braucht, gehört eine Möglichkeit, sich einen heißen Tee und eine kräftige Suppe zu kochen.
Die Nächte würden kalt und die Tagesstrecken lang und anstrengend werden.

Zur Rezeption führte ein steiler Pfad hinauf; etwa vierzehn Prozent Steigung, schätzte Hans. Nur mit letzter Kraft konnte er mit seinem voll bepackten Rad den Anstieg bewältigen.
Die Kette knirschte verzweifelt. Was tun, wenn sie reißt?
Unsinniger Ehrgeiz!

Es dauert eben mitunter lange, bis man klug wird, den unsinnigen und völlig nutzlosen Übereifer dämpft.
Die beiden Frauen waren vernünftig, sie schoben schwer atmend ihre Räder den bergigen Weg hinauf.

Oben an der Rezeption angekommen wurden sie erst einmal gefragt, ob sie nicht Lust hätten, das attraktive Schwimmbad zu nutzen. Doch keiner hatte Lust. Und Gaskartuschen hatten die Campingbetreiber auch nicht im Angebot.

Auf dem Weg zu den berühmten Geysiren klarte der Himmel plötzlich auf. Bald entdeckten sie Fahnen aus Gischt und Wasserdampf. Sie stammten von dem kleineren der beiden Geysire, dem Strokkur, dem Butterfass. Sein größerer Nachbar war seit längerer Zeit kaum noch aktiv.

Wie erwartet tummelten sich unzählige Touristen in dem vulkanisch aktiven Gebiet. Busse kamen fast im Minutentakt. Massenartikel mit isländischen Symbolen wurden als Andenken angepriesen und gekauft, Pullover, Schals, Ansichtskarten, Wanderstöcke, Bücher, Kekse … .

Hans erstand eine Wollmütze, die letzte im Sortiment, welche man noch mit Anstand tragen konnte und die sich später hervorragend bewährte.

Die Geysire wirken anziehend wie ein Magnet auf den Massentourismus, der hier kommerziell vermarktet wird. Nirgendwo sonst in Island würde man einen Supermarkt inmitten einer so beeindruckenden Landschaft finden.

Proviant für eine Hochlandtour per Rad konnte man allerdings nicht bekommen und die begehrte Gaskartusche schon gar nicht.

Die Bilder waren bunt und prächtig: Ockerfarbenes Gestein, blauer Himmel, weiße Gischt, die Erde war warm und strahlte in gelben und roten Farben.
Alle zehn Minuten warf der Strokkur explosionsartig eine Wasserfontäne fast fünfundzwanzig Meter in die Höhe.

Fotos, Fotos, Fotos, …

Will man sie so für immer festhalten, diese außergewöhnlichen Bilder? Will man den Freunden daheim nicht nur mit Worten von den grandiosen Naturereignissen berichten können?

Sollen Fotos in späteren Tagen ihre Erinnerungen an das Abenteuer Island nicht verblassen lassen? Vielleicht traut man den Bildern, die im Kopf gespeichert sind, nicht auf Dauer. Vielleicht lässt sie ein Nebel später vollständig verblassen.

Auch Maria suchte sich unentwegt günstige Standorte mit interessanten Lichtverhältnissen für ihre Fotos, die sich deutlich von den Millionen flüchtiger Erinnerungsbilder der Touristen unterscheiden sollten.

Die drei fuhren weiter zum Gulfoss, dem bekanntesten Wasserfall Islands. Über zwei gegeneinander versetzte Fallstufen stürzten die Wassermassen fast siebzig Meter in die Tiefe. Fontänen erzeugten im Regenbogenlicht faszinierende Bilder.

Auch hier tummelten sich Touristen aus fast allen Ländern, auch hier wurden Souvenirs angeboten. Doch die für eine Hochlanddurchquerung notwendigen Gaskartuschen bekamen sie auch an diesem Ort nicht.

Man nannte ihnen Reykholt, einen reichlich 30 km entfernter kleiner Ort. Dort hätte man die dringend benötigten Kartuschen vorrätig.

Es war spät geworden. Die Touristen hatten sich in ihre Fahrzeuge zurück gezogen. Auch die drei Radfahrer mussten umkehren.

Bei wechselnden Winden wurde die Fahrt schwierig. Sie erreichten schließlich erneut den Zeltplatz an der kleinen Kirche.

Oben an der Rezeption schickte man sie wieder die steile Abfahrt hinab auf eine verlassene Wiese.

Ein paar verrostete Grilleisen standen neben morschen Holzgerüsten. Die drei waren die einzigen Gäste, die auf dem völlig vereinsamten Gelände ihre Zelte aufbauten.

Am nächsten Tag, so hofften sie, soll mit den in Reykholt erworbenen Kartuschen die Hochlanddurchquerung gewagt werden. Wie man sich irren kann.

Nach kurzer Fahrt gabelte sich der Weg. Die Hauptstraße führte zum Gullfoss und weiter auf die das Hochland durchquerende Kjölurroute, die Nebenstraße zweigte nach Reykholt ab. Auf ihr gelangte man in den Süden der Insel nach Selfoss.
Ein Wegweiser gab eine Entfernung von zwanzig Kilometer bis zum Ort ihrer Wünsche an.

Elise sollte mit dem gesamten Gepäck zurück bleiben, damit Hans und Maria unbeschwert in flotter Fahrt nach Reykholt gelangen konnten.

Es wurde eine zügige Fahrt, die Sonne schien, Wind war kaum zu spüren und die gut ausgebaute Straße ermöglichte ein rasches Dahingleiten.
Sie waren allein mit ihren surrenden Reifen.

Auf Hans' schüchterne Frage, ob sie auch allein nach Island gefahren wäre, gestand Maria, dass sie das Abenteuer ohne Hans und Elise nicht gewagt hätte. Hans äußerte sich in ähnlicher Weise. Die beiderseitigen Geständnisse taten ihnen gut. Sie waren sicher ein Teil der Grundlagen für die künftigen gemeinsamen Unternehmungen, bei denen sich einer auf den anderen verlassen konnte.

Und kaum merklich wuchs das Pflänzchen der Freundschaft, eine Verbindung, welche die Reise überdauern sollte. Sie wurde ein Gewinn für alle drei.

Auch in Reykholt konnte ihnen nicht geholfen werden, an der Tankstelle nicht, im kleinen Supermarkt nicht und am Schwimmbad schon gar nicht. In Selfoss würden sie die begehrten Kartuschen bekommen.

Zurück zur sich sonnenden Elise.
Die Pläne mussten geändert werden, sie würden nach Süden radeln müssen.

Dann waren sie wieder ziemlich allein auf der Straße.
Der Weg führte vorbei an einem tosenden Wasserfall, dem Vatnsleysufoss.
Unmittelbar am Rande des Weges döste ein mit Wasser gefüllter Krater eines erloschenen Vulkans vor sich hin.

Sie erkannten ihn schon von weitem. Ein einsamer Radfahrer kam ihnen entgegen, das Rad bepackt, fast überladen mit der notwendigen Ausrüstung, die man in diesem unwirtlichen Land braucht. Auch er wollte zur Kjölur.

Sie würden in der falschen Richtung fahren, meinte er verwundert.
Die Situation wurde rasch geklärt.
Gute Fahrt allerseits.

Noch ehe sie auf die Ringstraße stießen, grüßte im Osten die weiße Kappe der gewaltigen Hekla, die mit fast 1500 m Höhe die Ebene weithin sichtbar überragt und noch immer einer der aktivsten Vulkane Islands ist.

Bereits am Ortseingang von Selfoss konnte Maria die begehrten Gaskartuschen erstehen.

Nach weit über hundert Radkilometern erreichen die drei einen schön gelegenen Campingplatz, nicht besonders groß, für isländische Verhältnisse hervorragend eingerichtet mit einer Küche, einem Aufenthaltsraum, den man nur in Socken betreten durfte, und einem kleinen Ausschank mit einer gemütlichen Gaststube.

Es herrschte eine ruhige, eine harmonische Abendstimmung.
Duschen - rasieren - duschen - eine Wonne!

Zum Abschluss tranken sie noch ein „richtiges" Bier bei einem gutmütigen Wirt.
Waren sie in seinen Augen Touristen wie viele hunderttausend andere auch, Touristen, welche die Umwelt mit ihren Fahrzeugen zerstörten, Müllberge hinterließen, eine andere Lebensauffassung in die Isoliertheit der Insel brachten?
Die Isländer brauchen solche Menschen nicht.
Vielleicht benötigen sie nur das Geld, das die Touristen nach Island schafften.
Vielleicht sind die Kreditkarten der Touristen die einzigen wirklich Mächtigen auch in diesem Land.

Aber nach einiger Zeit erschienen dem Wirt die drei Radfahrer doch etwas anders, naturverbundener, einfacher, weniger oberflächlich, waren Besucher der Insel, die sich bewusst waren, dass hier die Natur das Vorrecht hatte.

Jedenfalls wünschten es sich alle drei so.
Vielleicht hatte der zunehmend freundlicher werdende Wirt ihre Wünsche erahnt.

Es wurde ein Tag, der einfach nicht zu Ende geht.
Langsam klang er aus, verträumt wie ein romantisches Konzert.

2.6 Landmannalaugar - ein Ort der Sehnsüchte

Landmannalaugar, das Gebiet der „warmen Quellen der Männer vom Lande", das Objekt der Erwartungen und des Verlangens.

Diese ungewöhnlich reizvolle Region war seit langem eines der Ziele, welches die drei Radfahrer ansteuern wollten.

Die Kunde von den faszinierenden Bildern der vielfarbigen Liparithberge, zwischen denen sich grüne, klimatisch geschützte Täler hinducken, von schroffen Barrieren aus tiefschwarzer Lava und von Abenteuerzeltplätzen in der Nähe heißer Quellen hatte sie schon zu Beginn ihrer Reise begeistert.

Ihr Aufenthalt im nahen Selfoss bot eine günstige Gelegenheit.

Doch sie hatten wenig Zeit. Die Durchquerung der Insel auf der Kjölurroute wartete und sie wussten nicht, wie viele Tage dieses Abenteuer in Anspruch nehmen würde.

Sie dachten an Akureyri, an den Myvatn, den Mückensee, an den Jökulsárlón, den beeindruckenden Gletschersee, der bis an die Ringstraße heran reicht.

So ließen sie ihre Räder auf einer Wiese am Rande des Campingplatzes liegen und wählten einen hochbeinigen Überlandlandbus, der sie auf der Straße F 225 nach Landmannalaugar bringen sollte.

Zunächst waren die Straßen noch gut befahrbar. Nachdem sie den Ort Hella hinter sich gelassen hatten und weiter gen Osten fuhren, wurde der Weg zunehmend schmaler. Geröll und Schlaglöcher, Sand und Asche brachten zuweilen selbst den Überlandbus zum Wanken.

Mehrmals musste er auf der Hochlandpiste eine Furt durchqueren. Doch es war nur ein Bruchteil jener Schwierigkeiten, die sie auf der Kjölur erwarten würden.

Gelegentlich kamen Geländewagen entgegen. Auch sie hatten mit der Piste zu kämpfen und quälten sich im Schritttempo in einem Abstand von weniger als einer handbreit am Bus vorbei. Einzelne Reiter sahen sie ab und zu am Rande der Piste, Radfahrer nicht.

Auf keinem anderen Weg konnte man der Hekla so nahe kommen.

Scheinbar friedlich sandte der majestätisch anzuschauende Vulkan vom Südosten einen Gruß herüber. Doch es waren heimtückische Grüße.

Ein Leichentuch aus Asche und Schlacke, das neben der Piste drohend ausgebreitet war, hatte alles pflanzliche und tierische Leben erstickt.

Es war wie eine Warnung, die der noch immer aktive Vulkan den Eindringlingen hinterlassen hatte.

Vom Gipfel aus erstreckt sich eine Ausbruchspalte von fast vierzig Kilometer Länge. Der Feuerriese erwacht in relativ regelmäßigen Abständen. Der letzte Ausbruch fand im Winter des Jahres Zweitausend statt.

Drei Stunden dauerte die Fahrt.

Auf einer Hochebene tauchte ein abenteuerlicher Campingplatz auf. Ein buntes Feld kleiner Zelte duckte sich auf einer Wiese entlang eines heißen, dampfenden, Leben spendenden Baches. Nahezu alle Abspannleinen hatten die Zeltbewohner vorsichtshalber mit Steinen beschwert. Islandstürme darf man nicht unterschätzen.

In einer heißen Quelle entspannten sich Männer und Frauen, die Ufer des Baches bildeten einen schmalen Saum aus grünem Sumpfland, Wollgrasbüschel zeigten selbstbewusst ihre weiße Pracht.

Die drei bestiegen die nahe liegenden Berge. Eine kaum beschreibbare Sinfonie von Farben und Formen breitete sich vor ihnen aus: Haushohe glänzende tiefschwarze Lavawände, in der Ferne Gipfel mit Altschneefeldern, Gebirgszüge in hellen Gelb- und Ockertönen, Riolith, ein saures Ergussgestein, in allen Farben des

Regenbogens leuchtend, gespenstige Dampfschwaden heißer Schwefelquellen zwischen rostbraunen Gesteinen aufsteigend.

Eine Welt der bunten Berge, bezaubernd und erschreckend zugleich, Menschen abweisend, unwirtlich und dennoch erhaben.

Eindrücke für viele Lebensjahre.

Abends wieder in Selfoss.

Es blieb noch Zeit, Verpflegung für die Hochlanddurchquerung einzukaufen: Käse, Wurst, Nudeln, Knäckebrot.

Sie klang in ihnen nach mit gewaltigen Tönen, diese kaum zugängliche wunderbare Welt, und sie wussten, dass es wieder ein Abschied war.

Man schwieg oder sprach leise mit sich selbst.

Die Gefühle schwankten zwischen Fern- und Heimweh - vielleicht bei jedem mit anderer Intensität: Lebensbejahend, neugierig und ungeduldig bei Maria, von Wehmut und heimlichen Sehnsüchten durchdrängt bei Elise. Und Hans Gefühle wanderten von grüblerischen Gedanken über seine späten Jahre, über die knappe Zeit, die ihm noch blieb für fremde, ungewöhnliche Landschaften, bis hin zu hoffnungsvollen Erwartungen.

Doch noch standen sie am Anfang ihrer Reise, noch waren sie Zugvögel, noch standen ihnen die Freuden und Schmerzen, die Genüsse und die Qualen ihrer beschwerlichen Fahrten durch die unwirtliche, fremdartige und doch so beeindruckende Inselwelt bevor.

2.7 Auf der Kjölur

Der Tag begann bereits nachts.
Elise schaute ab drei Uhr alle halben Stunden nach der Zeit. Auf keinen Fall wollte sie den Bus versäumen, der sie zurück zum Gullfoss bringen sollte.

Viel zu zeitig hatten sie den besten aller Campingplätze verlassen.
In Island sind Tankstellen vernünftigerweise auch Haltestellen für den Busverkehr.
Nun hockten sie zwischen Bergen von Gepäckstücken und ihren Rädern auf dem Boden neben einer Zapfsäule.
Die Sonne lächelte ihnen zu.
Der erste Bus zum Gullfoss war bereits voll besetzt. Weder für Hans, Elise und Maria war Platz, schon gar nicht für die drei Räder.
Der Fahrer telefonierte mit einer anderen Company und vertröstete sie auf den Mittagsbus.
Zurück zum Campingplatz.
Die Kunst des Wartens besteht darin, inzwischen etwas anderes zu tun.
Elise ordnete die Sachen in ihren Packtaschen - viel Arbeit hat sie damit nicht.
Maria schickte ihr Ersatzzelt zurück in die Heimat.
Hans kümmerte sich um die Fahrräder, um Kettenöl, Bremsen und Luftdruck.
Schließlich richtete er noch einen anerkennenden Blick auf sein eigenes Rad wie auf einen alten vertrauten Freund. Und sanft streifte seine Hand über den Sattel, als würde er eine liebenswerte Frau streicheln.
Bis auf einen frischen Wind war wunderbares Wetter.
Man konnte sich noch eine reichliche Stunde ins Gras legen und die Beine der Sonne entgegen strecken.
Die Minuten zerbröselten.
Die Zeit tropfte.

Auch der Mittagsbus war bereits voll besetzt und konnte sie nicht mitnehmen.
Elise machte ein verzweifeltes Gesicht, Maria versuchte, die Situation zu erklären.
Und wieder telefonierte ein hilfsbereiter Busfahrer mit seiner Zentrale.
Er hatte offenbar Erfolg.
Nach einer reichlichen halben Stunde kam ein Kleinbus, der lediglich die drei
Wartenden und ihre Räder in seinem Fahrzeug verstaute und seine leichte Fracht
für läppische 6000 ISK zum Gullfoss fuhr.

Es war früher Nachmittag geworden. Die Sonne schien noch immer, doch der
Wind frischt mehr und mehr auf.
In einer geschützten Ecke eines Imbiss-Standes genossen die drei noch einmal
Segnungen der Zivilisation, heißen Kaffee und köstliches Gebäck.

Am Anfang war die Straße noch asphaltiert.
Der Wind nahm Sturmstärke an, blies ihnen ins Gesicht, zerrte an ihren
Packtaschen, krallte sich an ihre Räder, stemmte sich gegen ihre Körper.

Sie kamen nur noch mühsam weiter.
Dann ein Hinweisschild: Von hier an wäre die Straße durch das Hochland
unbefestigt. Sie bestand aus Geröll, feinem Staub, groben Steinbrocken und einer
wellblechähnliche Struktur in der Mitte der Piste.
Die Straße bestimmte die Spur der Räder, drängte sie von einem Rand an den
anderen, schüttelte sie gewaltsam in ausgefahrenen Rinnen, brachte sie zum
Ächzen und Stöhnen.

Selbst bei kleineren Anstiegen erzwangen Sturm und Wegverhältnisse ein
Absteigen von den schwer bepackten Rädern.

Die Straße gehört uns?
Falsch, dachte Hans. Wir gehören der Straße.
Sie legt gnadenlos fest, ob und wie wir vorankommen.
Schier endlos wand sich die Hochlandpiste bergauf und bergab bis zum Horizont.
Und mit Sicherheit noch weiter.

Ein Blick auf den Tachometer zeigte ernüchternde Ergebnisse: Nicht einmal acht
Kilometer bewältigten sie in einer Stunde.

Reisen - Ungewohntes erleben und Gewohntes entbehren - so hatten sie es
eigentlich erhofft.
Nun waren sie da, die erträumten Erlebnisse.

Nur selten begegnete ihnen ein allradgetriebenes Fahrzeug und hüllte sie in Wolken von Staub ein.

Und dennoch - trotz aller Mühsal war sie beeindruckend, diese Landschaft.

Der Blafell grüßte von Ferne und die schier endlose Wüste, durch die sich die Piste schlängelte, hatte etwas von einer harmonischen Großartigkeit.

Der Fahrer eines Landrovers bemerkte ihr Winken.

Elises Rad und ein großer Teil des Gepäcks wurde auf seiner großen Ladefläche verstaut. Man vereinbarte, sich an einem größeren See zu treffen, der auf der Karte am Rand der Route eingezeichnet war.

Elise kletterte in das Fahrerhaus.

Es ist eine Trennung auf Zeit, dachte der zurückbleibende Hans, doch ganz wohl war ihm nicht.

Und dann nahmen Hans und Maria den Kampf mit Sturm, Geröll und Staub erneut auf. Zwar waren die Räder ganz wesentlich von Lasten befreit, dennoch kamen sie kaum voran. Dazu kam die Sorge: Nur den See finden, nur Elise nicht übersehen.

Deren Konversation mit den beiden rauen, etwas einsilbigen Männern im Jeep beschränkte sich auf einen kurzen, aber aussagekräftigen Satz: I have no money.

Der Fahrer lächelte. Es war ein verstehendes Schmunzeln, ein leises Lachen für das man etwas Geist braucht.

Der Wind pfiff noch immer über die Hochebene.

Es war ein flacher, eisgrauer See, an dessen Ufer Elise zusammen mit ihrem Rad und weit mehr als einem Dutzend Gepäckstücke ausgesetzt wurde.

Doch sie war eine praktische Frau und klug dazu. Sie fand eine von Sturmböen geringfügig geschützte Stelle und schaffte es sogar, ihr Zelt aufzubauen.

Knapp zwei Stunden später trafen Hans und Maria ein.
Fast hätten sie den klug gewählten Platz übersehen.
Als das zweite Zelt stand, das Nudelwasser brodelte, Brot und Käse aus den Packtaschen geholt und schließlich noch ein Gläschen Cognac ausgegeben wurde, konnten sie der winzigen Oase in der Wildnis sogar seine Schönheiten abgewinnen.

Es wurde kalt.
Sie krochen in ihre Zelte.
Der Sturm hatte nachgelassen.
Ein kühler Abendwind umschlang die Zelte mit ausgebreiteten Armen.
Die Daunen ihrer Schlafsäcke meinten es gut mit ihren müden Gliedern.
Und nach kurzer Zeit hatte sie der Schlaf, der große Tröster, in sein Reich gelockt.

Als sie am Morgen aus ihren Zelten lugten, stellten sie erneut fest, wie günstig Elise den Platz für die Übernachtung ausgewählt hatte. Hinter einer Böschung etwas abseits der Route waren sie relativ geschützt vor dem nun wieder stark auffrischenden Wind.

Sie waren allein, der nahe See lieferte genügend sauberes Nass und bald brodelte das Kaffeewasser über dem Kocher.

Nach reichlich zwei Stunden - die Zelte waren abgebaut und in den Säcken verpackt, die Gepäckstücke auf den Rädern festgezurrt - nahmen sie den Kampf mit der Piste und dem heftigen Nordostwind wieder auf.

Und erneut kletterte die Tachoanzeige kaum über 10 km/h. Und wieder wand sich die Straße, die diesen Namen nicht verdiente, scheinbar endlos dem Horizont entgegen.

Auch an nur mäßigen Steigungen mussten die Räder geschoben werden, Geröll und Staub erschwerten das Vorankommen.

Gegen Mittag tauchten geländegängige Fahrzeuge auf, donnerten an ihnen vorbei, hüllten die einsamen Radfahrer in riesige Staubwolken ein.

Später wurden sie vom Hochlandbus überholt, der in den Sommermonaten einmal täglich die Kjölur -Route befährt.

Fast schien es, als wolle er die verzweifelt kämpfenden Radler an Bord nehmen.
Doch er fuhr vorbei.
Sie wollten auch nicht mitgenommen werden.
Sie fuhren hartnäckig und verbissen weiter. Und etwas Eigensinnigkeit war wohl auch dabei.

Die Verhältnisse auf der Piste wurden immer dramatischer. Elise stieg vom Rad und nahm einen Schluck aus der Trinkflasche.

Kehr nicht um, sagte sie sich, fahr weiter, auch wenn du es nicht verstehst.
Vielleicht verstehst du es heute am Abend oder morgen oder auch nie.

Es waren nur kurze Pausen, in denen sie Zeit hatten, die Gletscher am Rande der Piste zu bewundern, links der Langjökull, rechts der Hofsjökull.

Jeder kämpfte für sich allein.
Wind und Geröll setzten die Maßstäbe für das Vorankommen.
Hans fuhr meist einige hundert Meter voraus.
Und Gedanken schwirrten erneut durch seinen Kopf.
Vielleicht hat eine der beiden Frauen einen Defekt oder ist gar gestürzt.
Sich während der Fahrt umzudrehen und nach hinten zu schauen war unmöglich.
Und erst, wenn er wieder am Rand der Piste stand, konnte er erkennen, ob seine Sorgen um Elise und Maria begründet waren.

Island - das ist ein Land, in dem Liebe und Hass eng beieinander liegen Es ist ein Land, das süchtig macht oder das man als Radfahrer verflucht. Und wir, dachte Hans, wie werden wir am Ende unserer Reise denken und fühlen? Werden wir dieses Land lieb gewinnen? Oder werden wir diese nördliche Gegend mit ihren Stürmen und Regenschauern, mit ihren steinigen Wegen und mit Asche übersäten Hochebnen für den Rest unserer Tage verdammen?

Noch war nichts entschieden.
Es war noch viel zu früh für ein abschließendes Urteil.
Der Ertrag von Reiseerlebnissen wird oft erst nach einer längeren Inkubationszeit erkennbar.
Doch Hans war optimistisch.
Gerade die strapazenreichen Stunden werden sich in dein Gedächtnis einbrennen.
Sie werden es sein, die für scharfe Bilder im Nebel der Erinnerungen sorgen.

Ein einzelner Radfahrer kam ihnen entgegen.
Ein kurzer Gruß.
Ein knapper Austausch von Erfahrungen.
Der Weg würde etwas besser werden auf dem zweiten Teil der Route.
Es war früher Nachmittag geworden.

Nur hin und wieder schienen einsame Steinpyramiden am Rande zu versprechen, dass man nun den höchsten Punkt des Weges erreicht hat. Doch es waren falsche Prophezeiungen.

Nach knapp vierzig Kilometern Fahrt querte ein kleiner Bach den Weg.
Sie mussten furten.
Das Rinnsal hatte eine winzige Oase in die Steinwüste gezaubert.
Hier wollten sie bleiben.
Es sind - da waren sich die drei einig - eigentlich die idealen Plätze zum Zelten: Allein auf einer winzigen Wiese, saftig und mit Wollgras geschmückt, kein Anstehen an Duschkabinen. Dafür lässt der Bach sein klares Wasser munter plätschern und lädt zu einem Vollbad ein.

Die beiden Zelte waren rasch aufgebaut, die Räder fanden ein Bett im Moos. Ihre in Taschen und Beuteln verstauten Habseligkeiten wurden sorgsam in den engen Behausungen neben den dünnen Kunststoffunterlagen und Schlafsäcken verstaut.

Abendbrot, das spartanische, das ersehnte, das auf wunderbare Weise kräftigende, das immer wieder schmackhafte. Und dazu Quellwasser, das nach Kaffee riecht.

Im Zelt: Man tut nichts, man langweilt sich nicht, man hat nun nichts mehr zu bereden. Die Gedanken schlenderten unkontrolliert durch einen Irrgarten.

Gerade Erlebtes vermischt sich mit blassen Erinnerungen an Vergangenes, mit bunten Bildern von der Heimat, mit zarten Konturen von Daheimgebliebenen.

Allmählich begann die Gegenwart zu versanden. Der Schlaf nahm sie behutsam an der Hand und geleitete sie in sein unergründliches Reich.

Der heftige Wind hatte sich über Nacht gedreht.
Deutet sich eine Änderung der Wetterlage an?
Wind gehört zur Kjölur, ohne ihn wäre die Landschaft einsam wie ein leerer Saal.

Besser waren die Fahrbedingungen allerdings nicht geworden.
Es war gefährlich, wenn der Sturm mit jubelndem Aufschrei die Räder über die Piste hetzt, wenn er als Kantenwind schräg von hinten kommt, wenn man in den Sand, in das lockere Geröll am Pistenrand getrieben wird. Häufig mussten sie ihre schweren Räder schieben, vor allem wenn der Weg bergab führte.

Ein Radfahrer tauchte auf. Er kam aus Oulomouc, der schönen Stadt an der Morava mit ihren vielen historisch interessanten Gebäuden und der Universität, an der Hans vor mehr als zwanzig Jahren längere Zeit gearbeitet hatte.

Oulomouc - Hans erinnerte sich sehr gut an diese ehrwürdige, doch damals leider auch dem Verfall preisgegebene Universitätsstadt. Hier hatte er mehrere Wochen verbracht, um Voraussetzungen für seine wissenschaftliche Laufbahn zu schaffen. Einen Vortrag hatte er gehalten - an die genaue Thematik erinnerte er sich nicht mehr. Es war seine einzige Verpflichtung. Die meiste Zeit verbrachte er in einem altehrwürdigen Arbeitszimmer eines schlossähnlichen Gebäudes hoch über dem Ort mit einem Blick auf den Fluss und die Dächer der Innenstadt.

Er war frei von Verpflichtungen, konnte ungestört in der umfangreichen Bibliothek stöbern, Vorlesungen ausarbeiten, Kontakte suchen und pflegen, sich auf seine Arbeit konzentrieren.

Es war eine unbeschwerte, eine produktive Zeit.

Reisepläne wurden ausgetauscht. Der bärtige Tscheche wollte per Rad eine Reise durch Island und Norwegen unternehmen. Und so plauderten sie eine Weile miteinander.

Die wenigen Radfahrer, die sich auf dieser Insel begegneten, waren den gleichen Bedingungen ausgeliefert. Es gab keinerlei Fragen nach Leistungen, nach Tageskilometern oder gar nach Durchschnittsgeschwindigkeiten. Sie grüßten und achteten einander und verloren sich wieder.

Ein Haken an Hans' Packtaschen war den Belastungen nicht mehr gewachsen. Elise repariert geschickt und mit großem Erfolg.

Eine Aussichtsplattform auf dem höchsten Punkt der Kjölur - 672 m über NN - befand sich am rechten Wegesrand, daneben ein Gedenkstein für jenen Isländer, der die Piste angelegt hatte.

Kaum vorstellbar, doch die Landschaft rings um die Route wurde noch öder als zuvor.
Schließlich entdeckten sie den Abzweig in Richtung Hveravellir.

Nun waren es nur noch zwei schier endlose Kilometer, sicher die längsten Kilometer, die sie je erlebt hatten.

Hveravellir erschien zunächst trostlos: Zwei primitive Baracken und eine einfache Hütte des isländischen Verkehrsclubs empfingen die Gäste, dazu verstreut einzelne Zelte, meist von Radfahrern aufgestellt.

Der Sturm ließ nicht nach.
Sie bauten ihre Zelte in der Nähe eines dampfenden Baches auf.

Welch eine Überraschung: Ihre Behausungen waren mit einer Fußbodenheizung ausgestattet. Die heißen Quellen von Hveravellir sorgten in dieser trostlosen öden Gegend wenigstens auf diese Weise für einen erträglichen Aufenthalt.

Sie erkundeten das kleine Thermalgebiet. Zu den heißen Quellen konnte man nur auf Holzstegen gelangen. Der dampfende und quirlende Boden mahnte zur Vorsicht.

Zunächst waren sie allein in dem kleinen Gewässer, in das auf der einen Seite kochend heißes, auf der anderen eiskaltes Wasser strömte.

Entspannen, die müden Glieder von heißem Wasser umströmen lassen - es war eine willkommene Entschädigung für viele harte, anstrengende Pistenkilometer.

Nur einige Minuten blieben sie unter sich, dann strömten mit viel Geschrei Gruppen von Franzosen und Italienern in den Pool.

Der Sturm wurde noch heftiger und zerrte an den Zeltleinen, der Himmel verdunkelte sich, Regenwolken zogen auf.
Die Heringe wurden vorsorglich mit großen Steinen beschwert.

Maria lud zum Abendbrot in ihr Zelt ein.
Es begann heftig zu regnen.
Der Sturm fauchte wie eine große, wilde Katze und peitschte Wassermassen über das Land.
Hans und Elise krochen in ihr Zelt.
Die Behausung erwies sich als sichere Festung.

Frühstück in Marias Vorzelt.
Noch waren die Regenschauer nicht abgeklungen.

Sie flüchteten in die Thermalquelle.
Es war der einzige Ort in dieser Hochlandwüste, der zum Verweilen einlud.
Das wussten auch lärmende Italiener, jubelnde Franzosen, fröstelnde Schweizer, Zuflucht suchende Deutsche.

Noch einmal das erquickende Nass genießen, fast kochend am Zufluss der heißen Quelle, noch immer wohltuend warm an der Stelle, wo das Wasser sich in einem Bachbett schließlich seinen Lauf suchte.

Für die nächsten Tage waren weitere Regengüsse angesagt, Sturm und Kälte dazu.
Auch die hartgesottensten Radnomaden dachten an den Hochlandbus, der gegen Mittag ankommen sollte und weiter nach Akureyri fahren würde.
Zelte mussten nass verpackt werden.

Es regnete noch immer.

Der ursprünglich ersehnte Platz war zu einem trostlosen, nassen Gelände mutiert.

Und dann standen etwa ein dutzend Radler mit ihren Rädern und Unmengen an Gepäck erwartungsvoll vor der winzigen Rezeption.

Jeder hoffte auf ein Unterkommen im Bus, auf eine winzige Lücke für sein Rad im Gepäckfach des Überlandfahrzeuges.

Man begann, sich misstrauisch zu mustern.

Aus Gefährten wurden Konkurrenten.

Ohne Aggression, doch mit einem taxierenden Seitenblick hinsichtlich eines möglichen Erfolgs erwarteten die Vagabunden der Landstraße mit ihren völlig überladenen Rädern die Ankunft des Busses.

Es war voll besetzt, das hochbeinige Ungetüm.

Nur wenige Fahrgäste stiegen aus.

Gepäckstücke wurden aus- und umgeladen.

Und dann dirigierte der Busfahrer mit in langjähriger Erfahrung gewonnener stoischer Ruhe das Verstauen der Räder im Unterleib des Hochlandbusses. Lenker mussten quergestellt, Pedalen gedreht, Bremsen ausgehakt, Vorder- und Hinterräder ausgebaut, Sattelstützen eingeschoben werden.

Schließlich entstand ein sperriger Drahthaufen ächzender, übereinander gestapelter und ineinander verhakter Räder.

Die dampfenden Quellen, die erbärmlichen Hütten dieser nun wieder einsamen Oase im Hochland blieben im Regendunst zurück, als der Bus mit fast einer Stunde Verspätung Hveravellir verließ.

Doch was bedeutete eine Stunde.

Man hatte Zeit, die Ziele waren austauschbar. Alles kann man ohnehin nicht entdecken, nicht erleben. Wozu auch?

Natürlich wäre das Fahren weniger strapaziös, weniger gefährlich gewesen auf diesem nördlicheren Teil der Kjölur. Arbeiten an Kraftwerken hatten einen Ausbau der Zufahrtswege erzwungen.

Doch alle Radfahrer, die sich noch vor wenigen Tagen durch das Hochland gequält und die Schotterstraße verflucht hatten, waren erleichtert darüber, nun im Bus sitzen zu können, an dessen Scheiben unbarmherzig der Regen trommelte.

Am zeitigen Abend erreichten sie Akureyri.
Der Fahrer trieb das Fahrgeld ein.
Fast eine halbe Stunde benötigte Hans, ihre drei Räder wieder in einen fahrbereiten Zustand zu versetzen.
Beschädigt wurde nichts
Es grenzte an ein Wunder.

2.8 Von Akureyri zum Myvatn

Der Zeltplatz liegt in Akureryri auf einem Hügel. Eine steile Abfahrt führt von dort hinunter zu einer in nüchterner weißgrauer Betonarchitektur errichteten Kirche, der Akureyrikirkja.
Sie dominiert das Stadtbild.
Einige ihrer Kirchenfenster sollen aus der im zweiten Weltkrieg zerstörten Kathedrale von Coventry stammen.

Der Platz war groß und nass und wirkte auf den ersten Blick unfreundlich.
In aller Eile mussten sie bei noch strömenden Regen ihre Zelte aufbauen.
Rasch wurden die noch nassen Packtaschen hineingeworfen.
In der Innenstadt quollen die Gaststätten von den vielen Wärme und Trockenheit suchenden Touristen über. Eine Stunde Wartezeit für einen freien Platz - kein Wunder bei dem kalten, regnerischen Wetter.
Eine kleine Verkaufsstelle bot das Nötigste für eine einfache Abendmahlzeit an.
Das reichte den drei Reisenden.
Abendbrot im Vorzelt.
Sie hofften auf besseres Wetter und schlüpften in ihre Schlafsäcke.
Hans spürte Elises Nähe.
Ich liebe sie, diese Wärme, sagte er sich.
Es regnete die ganze Nacht.

Später Vormittag.
Schüchtern lugte die Sonne durch die Wolken.
Es wurde für isländische Verhältnisse sogar angenehm warm.
Mehrere Tage aufgeschobene Dinge mussten und konnten nun erledigt werden: Duschen, Rasieren, Waschen verschmutzter Wäsche, Aufladen von Akkus, Pflege der Räder.
Hinter ihren Zelten befand sich ein das Terrain des Campingplatzes abgrenzender hoher Metallzaun, ein idealer Platz zum Trocknen aller durchnässten Utensilien.

Akureyri, die heimliche Hauptstadt im hohen Norden Islands, verfügt über ein außergewöhnlich mildes Klima und überrascht mit einer für Island ausgesprochen üppigen Vegetation.
Dies ist sicher bedingt durch die geschützte Lage am Ende des weitläufig in das Land hineinreichenden Eyjafjords, dem relativ fruchtbaren Boden und vor allem durch den Einfluss des Golfstromes.
Und die Nähe zum Polarkreis sorgt dafür, dass die Sonne in den Sommermonaten kaum untergeht und ihr Licht die Natur zu intensivem Wachstum anregt.

119

Neben ihren Zelten hatte sich ein Ehepaar aus der Schweiz nieder gelassen.
Ihr Ziel war ebenfalls eine Islanddurchquerung auf der Kjölurroute, und zwar von
Nord nach Süd. Natürlich interessierten sie sich für Marias Zeltausrüstung und für
Hans' und Elises stabile Räder. Sie hatten die Fünfzig gerade erst überschritten.
Ihnen blieb noch viel Lebenszeit für spektakuläre Radtouren.

An einem Tisch neben den Waschräumen kam Hans mit dem „Pferdeschwänzigen"
ins Gespräch, der in acht Wochen die Insel erkunden wollte. Er fuhr allein, doch
einsam war er nicht. Bereits nach einigen Tagen am Godafoss trafen sie ihn wieder.
Auch für diesen Individualisten gehörte eine Inlanddurchquerung per Rad zu den
unverzichtbaren Reiseabenteuern.

Sie hatten das schwierigste Stück der Kjölur bezwungen - es hätte auch mit einer
Niederlage enden können. Erproben kann man Niederlagen nicht. Sie sind einfach
da, so wie auch Defekte überraschend auftreten.
Doch sie hatten das Glück auf ihrer Seite und ein bisschen Mut und ein bisschen
Kraft und eine Zuversicht, die Gedanken an ein Scheitern ihres Unternehmens, an
ein Aufgeben, ausschloss.

Und nun wollten sie weiter, der grübelnde Unruheständler Hans mit seinen beiden
Frauen, die über jene glückliche Natur verfügten, vorwiegend in der Gegenwart
leben zu können.
Sie konnten bei Sonnenschein aufbrechen.

Ein weicher Wind umschmeichelte ihre Körper.

Frohgelaunt radelten sie zum Fjord hinunter, verließen Akureyri über eine Brücke und trafen schließlich wieder auf die Ringstraße.

Der Weg zum Godafoss sollte nun leicht zu finden sein.

Noch einmal schickte ihnen die im Sonnenlicht liegende Stadt über den Fjord hinweg einen Gruß.

Die Straße stieg ständig bergan.

An einer Aussichtsstelle radelte ein einsamer Slowene an ihnen vorbei.

Auch ihn sollten sie noch mehrfach treffen.

Nach Angaben von Wegweisern musste der Godafoss längst in Sicht sein.

Unvermittelt zweigte ein Weg ab, er führte als schmale Stichstraße zum gesuchten Wasserfall. Dessen Gichtfontänen waren erst spät erkennbar, doch eine unübersehbare Schar von Touristen ließ den Weg von einem Parkplatz zum „Götterfall" erkennen.

Als die Isländer - so erklärt eine Sage - sich im Jahr 1000 in Thingvellir zum Christentum bekannten, soll der damalige Gesetzessprecher, der Gode Þorgeir, seine heidnischen Götterstatuen in den Foss geworfen haben.

Der Wasserfall stürzt über mehrere Kanten in die Tiefe, breit, gewaltig, voll unendlicher Kraft.

In seiner Nähe befand sich ein Campingplatz.

Zunächst war er noch leer.

Doch dann trafen Bekannte ein, der „Pferdeschwänzige" und der Slowene schlugen ihre Zelte in der Nähe einer Bank auf.

Duschen waren nicht vorhanden; dafür murmelte ein Bächlein unmittelbar hinter ihrem Lagerplatz.

Es genügte zur abendlichen Körperpflege.

Langsam näherte sich die Sonne dem Horizont und tauchte den Wasserfall in rosarote Farben.

Am nächsten Tag wollten sie den Weg zum Myvatn antreten.

Die Drahtesel wurden wieder bepackt.

Überflüssiges wollten sie zurücklassen - Besitz belastet und macht unfrei.

Doch sie fanden nichts Unnötiges.

Das Naturschutzgebiet des Mývaten erreichten sie bei Skútustadir.

Es liegt in der Nähe eines kleinen Gebietes mit beeindruckenden Pseudokratern.

Sie entstanden, als sich heißes Magma über ein feuchtes Gebiet ergoss und das eingeschlossene Wasser zu sieden begann. Irgendwann entwich es explosionsartig als Dampf und hinterließ meist nicht all zu große Krater.

Bis zum Campingplatz in Reykjahlid mussten sie noch fünfzehn Kilometer fahren. Die Straße verlief ziemlich flach, meist in unmittelbarer Nähe des Sees. Rechts und links des Weges türmten sich Lavaberge. Sie wechselten sich ab mit Regionen, die nur mit Gras, Moos und niedrigen Gehölzen bedeckt waren. So fuhren sie durch eine unerwartet abwechslungsreiche Landschaft.

Etwa in der Mitte des Ostufers entdeckten sie einen Weg nach Dimmuborgir, dem scharf abgegrenztem Gebiet der „schwarzen Burgen" mit bizarren Lavastrukturen. Diese hatten die Gestalt von Türmen oder Brücken oder Höhlen, eine Formation besaß deutlich erkennbar die Form einer „Kirkja", einer Kirche.

Es waren die grotesken Gebilde, die vor etwa zweitausend Jahren entstanden, als Wasser unter einem aufgestauten Lavasee verdampfte, der Wasserdampf an die Oberfläche drängte und die Lava erstarren ließ.

Sie stellten ihre schwer bepackten Räder ohne sonderlich besorgt zu sein an einem Parkplatz ab und tauchten ein in das Labyrinth dieser vielgestaltigen mysteriösen Skulpturen.

Am zeitigen Abend erreichten sie den riesigen, stark frequentierten Campingplatz am Ufer des Mývatn. Es war nicht einfach, zwischen Zeltleinen und Wohnwagen einen günstigen Platz zu finden. Nach längerem Suchen entdeckten sie einen Tisch, der mit Bänken fest verbunden war - also wieder ein Glücksfall.
Er wurde vorübergehend als ihr Eigentum betrachtet.
Natürlich wurde das Möbelstück rasch das Objekt der Begierde auch anderer Zeltplatzbewohner. Ein junges Paar aus der Schweiz nistete sich an einer Ecke ein. Von ihnen erhielten sie eine nicht unwesentliche Informationen. An Tankstellen mit dem Hinweis „Winbud" könne man zu gewissen Zeiten eine Flasche Wein kaufen. Für diese fröhliche Nachricht stellte Hans in seinem Kopf sofort einen Speicherplatz zur Verfügung.
Später lehnten zwei Franzosen ihre Räder an den Tisch. Sie waren jung, hervorragend ausgerüstet und hatten eine Etappe von weit über einhundertfünfzig Kilometer in den Beinen.

Der kleine Ort Reykjahlid besaß eine kleine Kaufhalle. Die beiden Frauen konnten Käse, Joghurt, Bananen und ein „überaus leichtes" Bier erwerben. Zudem erhielten sie dort eine erfreuliche Botschaft: Das Wetter würde in den nächsten Tagen warm und sonnig bleiben.

2.9 In der Hölle

Mývatn, der „Mückensee", ist berüchtigt für seine Plagegeister.
Elise hatte sich bei Globetrotter eine Antimückenmilch besorgt, Maria überraschte mit einem Mückennetz über ihrem Helm.
Es war alles umsonst:
Es gab einfach keine Mücken in dieser Jahreszeit.
Irgendwann werden sie natürlich gebraucht, nämlich als Hauptnahrung für die Fische und die vielen Vögel am und im See.
Der Mývatn ist ein Vogelparadies.

Es ist ein vulkanisch äußerst aktives Gebiet.
Durch einen gewaltigen Ausbruch der Leirhnjúkurspalte vor fast 300 Jahren wurden die damaligen Bauernhöfe von Reykjahlid unter der herausgeschleuderten Lava begraben. Lediglich die nur geringfügig höher gelegene Kirche blieb verschont.
Noch immer ist diese Spalte aktiv.

Auch der fast 38 Quadratkilometer große und nur bis vier Meter tiefe See ist mit hoher Wahrscheinlichkeit vor etwa zweitausend Jahren durch den Ausbruch einer Reihe von Kratern entstanden.

Bereits am frühen Vormittag fuhren sie mit ihren Rädern zur Passhöhe Námaskard und stiegen auf den fast 500 m hohen Berg Námafjall.
Auf ihrer „Panoramatour" dem Kamm entlang wurden sie mit einen herrlichen Blick auf eine fantastische, unwirklich erscheinende Landschaft überrascht.

Weiter ging die Fahrt zum Viti.
Vom Rand blickten sie tief hinab auf den dunkelblauen Kratersee.
Viti, ein Nebenkrater der Krafla, war im Jahr 1724 zusammen mit dem Beginn des Myvatnfeuers entstanden. Noch hundert Jahre nach dem Ausbruch kochte der „Schlammtopf" im Kratergrund.
Wagemutige könnten darin baden.
Doch es fanden sich keine an diesem Tag.

Später öffnete sich die Leirhnjúkurspalte, sie spie riesige Mengen an Lava aus.
Diese Gebiet war ihr nächstes Ziel.

Wieder stellten sie ihre Räder im Gelände ab und wanderten auf einem von Lavafeldern umsäumten Pfad in die noch heute vulkanisch erstaunlich aktive Region.

Der Boden war an vielen Stellen durch Schwefelablagerungen gelbbraun gefärbt. Heiße Dampfschwaden, brodelnde Schlammtöpfe, bizarre Lavastrukturen in unterschiedlichen Farben begleiteten ihren Weg.

In dem weiter nordwestlich gelegenen bergigen Gebiet begegnete ihnen tiefschwarzes Lavagestein. Es soll vom Ausbruch des Krafla 1975 bis 1984 stammen. Bekannt wurde die Eruption unter dem Namen „Kraflafeuer".

So könnte man sich die Hölle vorstellen.

Auch Elises Enkel Klemens hatte hier den Wohnsitz des Teufels vermutet, als er um vieles später ängstlich Fotos dieser blauschwarzen Einöde zu sehen bekam.

Die dampfenden noch jungen Lavafelder breiteten sich kilometerweit aus. Mehr als zwei Stunden dauerte die Erkundung dieses Gebietes, in dem die Erdkruste besonders dünn und brüchig ist.

Am Fuße des kleinen Berges Námafjall liegt Námaskard, eines der sicher beeindruckendsten Solfatarenfelder Islands.

Am zeitigen Morgen waren sie bereits an diesen blubbernden, schlammigen Schwefellöchern unaufmerksam und gedankenverloren vorbei gefahren.

An einem kleinen Parkplatz ließen sie nun ihre Räder zurück.

Bereits hier überwältigte sie ein phantastisches Naturschauspiel: Im Westen leuchtete die Flanke des Námafjall in den kräftigsten Farben, es war ein harmonisches Wechselspiel von Gelb-, Ocker- und Brauntönen.
Aus den zahlreichen Spalten der völlig vegetationslosen Ebene traten heiße Dampfschwaden aus, Schlammtöpfe brodelten und blubberten. Die Gefahr des Einbrechens auf der dünnen Kruste war groß.

Das Islandwetter zeigte sich von seiner besten Seite. Die Mittagstemperaturen lagen sogar über zwanzig Grad. Sie wollten noch einige Tage bleiben.

Er lag etwas östlich von Reykjahlid, der mit Thermalwasser beheizte See. Es ist eine weitere „Blaue Lagune". Ihr größerer Bruder ist der bekannte Badesee im Süden von Keflavik, zu dem gewaltige Touristenströme unterwegs sind. Schon aus diesem Grunde stand ein Besuch jenes Thermalbades nicht auf ihrem Programm.
Um so unbekümmerter genossen die drei Radler einige Stunden ein Bad im Gebiet des Mývatn. Ganz nach individuellen Bedürfnissen konnte man den Aufenthalt im Wasser auskosten, floss doch von unterschiedlichen Seiten sowohl eiskaltes als auch nahezu kochend heißes Wasser in den See.

Auf dem Weg zu ihren Zelten schweifte ihr Blick noch einmal zu einem kleinen Industriegebiet mit einem türkisfarbenen See. Ein Stück dahinter befand sich eine rauchende Kieselgurfabrik, in der aus kieselsäurehaltigem Schlamm des Myvatn ein Produkt hergestellt wird, das zum Wärme- und Schallschutz genutzt wird.

Sie fuhren zum Campingplatz zurück.

Es war auch gut so. Denn inzwischen waren sie gekommen, die Autotouristen, und hatten nicht nur ihre Zelte dicht an dicht aufgebaut, sondern auch Bänke samt Tisch okkupiert und weggetragen.

Elise entdeckte die für Radfahrer so wichtigen Möbel neben Campingstühlen vor einem Wohnwagen und forderte, in welcher Sprache auch immer, ihr Eigentum zurück. Mehr als „sorry" hatten die räuberischen Autotouristen nicht zu erwidern, als Hans und Elise die so wichtigen Utensilien mühsam davon schleppten.

Der Platz füllte sich weiter.

Hans dachte an das einsame Campen am Rande der Kjölurroute, an den idyllischen Zeltplatz am Thingvallavatn, an die ruhige, ja gediegene Atmosphäre in Selfoss zurück und daran, dass sich am nächsten Tag sicher in noch stärkerem Maße die Camper vor den Sanitäranlagen drängen würden.

Und er wollte weiter zur Südküste, zu den Gletschern, in das Sandergebiet, zu neuen, außergewöhnlichen Eindrücken, welche die Insel zu bieten hat.

Hans schlief unruhig in dieser letzten Nacht.

Er träumte, gefesselt in einer engen Kiste zu liegen.

Man wollte ihn lebendig begraben.

Und dieser Albtraum entsprach der Wirklichkeit.

Der bis zur Nase zugezogene Schlafsack schnürte ihn ein, das nahe Zeltdach bedrückt ihn wie der Deckel eines Sarges.

Dieses unheimlich beklemmende Gefühl löste panische Angstzustände aus.

Hans gelang es schließlich, sich von seinen vermeintlichen Fesseln zu befreien.

Er kroch mühsam und völlig verzweifelt aus dem Zelt.

Die Nacht war blaugrau und still, nur im Osten erzeugte die nur wenig unter dem Horizont stehende Sonne einen zarten gelblicher Streifen

Ziellos irrte er zwischen dem Gräberfeld von Zelten umher.

Warum überwältigt mich dieser Traum, dachte Hans, warum belastet er mich?

Ist es die Angst vor einem Dasein im Alter, vor dem Ende des gesunden Lebens, vor der Einsamkeit eines Greises?

Man hat eben keine Erfahrung mit dem Älterwerden, von den Konturen jener Freiräume, die einem noch bleiben und die sich stetig enger und enger auf wenige Bereiche zusammenziehen.

Vor nicht allzu langer Zeit hatte er noch davon geträumt, dass die großen Ereignisse im Leben noch kommen könnten.

Welch fataler Irrtum.

Er solle im Alter nicht „Jugend spielen", wurde ihm einmal gesagt.

Aber das tat er ja gerade mit seiner Reise.

Noch trägt er einen Schatz von Bildern und Erfahrungen im Gedächtnis mit sich herum. Noch versucht er, dieses Guthaben zu vermehren.
Doch in wenigen Jahren, das ahnte er, würden diese Eindrücke anfangen zu verblassen.
Und dann?

Erst nach mehr als einer halben Stunde fand Hans seine Ruhe wieder.
Er kroch zurück in sein Zelt.
Elise schlummerte in ihrem Schlafsack.
Hans strich zärtlich über ihr Haar.
Er fühlte sich wieder geborgen.

2.10 Eine Flasche Rotwein

Es war weit von Reykjahlid bis Höfn an der Südküste Islands. Sie hätten die vielen hundert Kilometer durch die zum Teil sehr eintönige Landschaft und später auf den vielfältigen Windungen der Straße entlang der Fjorde an der Ostküste niemals per Rad in der ihnen zur Verfügung stehenden Zeit schaffen können.

Abschied vom Mývatn. Ein bisschen Traurigkeit schwang mit.
Es hätte noch viel gegeben, was man entdecken und erkunden konnte.

Sie waren froh, dass ein Bus sie samt ihrer Räder mitnahm.
In Egilsstadir hatten sie eine Stunde Aufenthalt.
Sie mussten in einen Kleinbus umsteigen. Wieder schauten sie besorgt auf Mitreisende, die ebenfalls begannen, ihre Fahrräder zu zerlegen.
Doch schließlich konnte alles verstaut werden.

Der Busfahrer kontrollierte besorgt seine Reifen. Später erfuhren sie vom Radler aus Slowenien, dass sie bereits am nächsten Tag der Piste nicht mehr stand hielten und die Fahrgäste nach vielen Stunden Wartezeit in einen Ersatzbus umsteigen mussten.
Wieder einmal hatten sie Glück.

Auf der Ringstraße wechselten sich Asphalt und Schotterpiste ab, zudem wurde viel gebaut. Erst am frühen Abend kamen sie in Höfn an.

Das Wetter war etwas diesig, doch es regnete nicht in diesem kleinen Städtchen mit knapp zweitausend Einwohnern, das über einen gut ausgebauten Hafen verfügt.

Der Campingplatz besaß einen schönen Aufenthaltsraum, in einer Nische befanden sich vier Computerplätze. Allerdings schloss er kurz vor 21 Uhr und für die Nutzung einer Steckdose zum Aufladen des Akkus musste man 100 ISK bezahlen.

Sie bummelten durch das Städtchen, erkundeten ein Informationszentrum und stellten fest, dass der Supermarkt fünf Minuten vor ihrem Eintreffen geschlossen hatte. Aber es gab ja noch die Tankstelle mit Waren aller Art.

Hans versenkte seine EC-Karte in einen Geldautomaten.
Doch der zeigte lediglich Symbole an, die man bei einiger Phantasie als leere Kasse deuten konnte.
Geld bekam Hans nicht.
Doch der Automat war fair, er spuckte die Karte wieder aus.
Am nächsten Tag sollte Hans eine neue Chance bekommen.

Sie liefen zum Meer und dachten über eine Hafenrundfahrt für 7500 ISK pro Person nach, die man an einem der kommenden Tage wagen könnte. Allerdings fiel sie dann doch wegen mangelnder Beteiligung ins blaugraue Hafenwasser.

Nachts hatte es geregnet.
Doch der Morgen zeigte sich trocken; es war bewölkt und es blies - wie fast immer in Island - ein zumindest leichter Wind.

Unter einem schützenden Dach vor dem Aufenthaltsraum, in dem sich auch die Rezeption befand, genossen sie ein relativ exklusives Frühstück.

Der Supermarkt von Höfn bot nicht nur ein vergleichsweise großes Warenangebot. Im Vorraum gelang es Hans sogar, einem Automaten 30 000 ISK zu entlocken, die er dringend benötige, denn auch die gemeinsame „Kriegskasse" zeigte zu jener Zeit gähnende Leere.

Im Informationszentrum in der Ortsmitte konnten sie eine interessante Ausstellung rund um isländische Gletscher besuchen.
Island ist nicht nur eine Insel der Vulkane, sondern auch die Insel der mit Abstand größten Gletscher Europas. Über elf Prozent ihrer Oberfläche sind mit ewigem Eis bedeckt.
In Wort und Bild, mit Dias, Filmen und historischen Ausstellungsstücken zur Erforschung von Gletschern wurde ihnen ein Vorgeschmack auf die eisigen Welt des Vatnajökull vermittelt.

Die Tankstelle des Ortes zeigte an einer nicht zu übersehender Stelle die Inschrift „Winbud".
Das Angebot an Weinen war für isländische Verhältnisse riesengroß, die Preise waren es erst recht.
Dennoch griff Hans in seinen frisch gefüllten Geldbeutel und erstand eine Flasche Rotwein.
Es war die erste während ihrer Reise, es sollte auch die letzte bleiben.

Ungeduldig warteten Elise und Hans im Aufenthaltsraum auf Maria.
Neben die kostbare Flasche mit dem verführerisch duftendem Inhalt wurden dekorativ drei Plastikbecher platziert.
Die Rotweinorgie war nur kurz.

Höfn im Abendlicht: Aus dem Dunst der Ebene stiegen kaum erkennbar die Konturen des Vatnajökull auf.
Ein verlassenes Boot träumte vor sich hin und passte auf sich selbst auf.

Am Vorabend hatten einige Radabenteurer ihre Zelte aufgebaut.
Auch der Slowene war wieder dabei. Man traf sich beim Frühstück an den überdachten Tischen und tauschte Informationen aus.
Wohin?
Wie wird das Wetter?
Wo kann man günstig sein Zelt aufschlagen?

2.11 Wenn das Eis kommt

Sie verließen den Campingplatz am frühen Morgen und fuhren zunächst wieder zur Ringstraße und danach weiter nach Westen.
Es war warm und nahezu windstill.
Rentiere kreuzten den Weg.
Schwanengroße Vögel hockten im Schilf.
Schafe trotteten unverdrossen auf der Straße.
Reiter auf Islandpferden begleiteten sie am Rand des Weges.
Ihre Tiere sind klein, muskulös, trittsicher und ausdauernd.

Sie besitzen ein dichtes zottiges Fell, bestens angepasst an die harten klimatischen Bedingungen. Die ursprünglich eingeführten Islandpferde haben sich durch die isolierte Lage der Insel nie verändert.

Sie besitzen einen tausendjährigen reinrassigen Stammbaum. Einmal ausgeführt, dürfen sie nie wieder auf die Insel zurück gebracht werden.

Der langsam auffrischende Wind sorgte für flotte Fahrt.

Während einer kurzen Rast traf der Slowene ein. Auch er möchte zum Jökulsárlon.

Diese Gletscherlagune, die dicht an die Ringstraße heranreicht, ist eine der am meisten besuchten Sehenswürdigkeiten an der Küste im Süden Islands. Hier kalbt in unmittelbarer Nähe des Meeres der Breidamerkurjökull in den Lagunensee.

Er ist einer der über hundert Gletscher Islands. Fast unter allen lauern Vulkane.

Nach knapp neunzig Kilometer einer nicht allzu beschwerlichen Fahrt erreichten sie ihr Tagesziel. Am Rande des Sees befand sich - ziemlich belegt - ein mittelgroßer Parkplatz, daneben ein Souvenirshop und eine kleine Cafeteria, eine Gelegenheit für einen Pott Kaffee.

Die Eindrücke waren überwältigend. Maria und Hans entschlossen sich zu einer Fahrt mit einem Amphibienfahrzeug durch die Eiswelt.

Das Fahrzeug kurvte, von schnellen Schlauchbooten begleitet, in raschem Tempo eine knappe halbe Stunde zwischen den Eisbergen.

Eindrucksvoll die skurrilen Blöcke in ihren vielfältigen Formen und Farben, dazu der Anblick des Gletschers im Hintergrund. Ein Robbenkopf tauchte auf.

Die Bilder änderten sich ständig. Große und kleinere Eisbrocken brachen krachend ab, drehten sich um sich selbst und trieben durch die Lagune dem Meer zu.

Je weiter der Abend fortschritt, desto beeindruckender wurde die Lagune.
Die letzten Autotouristen verließen den Parkplatz.
Der Tumult war abgeklungen.
Ungestört konnten die drei Radabenteurer nun die gewaltige Kulisse bewundern.
Eisberge - groß wie Einfamilienhäuser - wälzten sich und schossen torkelnd mit zunehmender Geschwindigkeit unter der Brücke hindurch dem nahen Atlantik zu.
Die tief stehende Sonne zauberte auf das Eis die unterschiedlichsten Farben, von sanftem Rot über Grün und Türkis bis Weißblau. Manchen Eisbergen wurden mit Streifen aus Asche und Sand interessante Muster aufgemalt.

In einer Senke reichlich hundert Meter von der Lagune entfernt fanden sie einen geeigneten Platz für ihre Zelte. Die beiden Frauen kochten Tee und breiteten auf Marias Decke das Abendbrot aus, argwöhnisch beobachtet von Raubmöwen, welche die Zelte mitunter in bedrohlicher Nähe überflogen.
Keinen Steinwurf entfernt starrten misstrauische Schafe auf die Eindringlinge.

Sie krochen in die Schlafsäcke.
Die Geräusche der Natur hatten den Zivilisationslärm vertrieben.
Um so drastischer vernahmen sie das bedrohliche Krachen und Ächzen des kalbenden Gletschers und das Rauschen des nahen Meeres.
Elise machte sich Sorgen. Wenn der See anschwillt, wenn das Eis kommt, hatten die Schlafenden in ihrer Senke keine Überlebenschance.
Sie stand gegen Mitternacht auf und stieg auf eine kleine Anhöhe.
Ihre Ängste waren unbegründet, zumindest in dieser Nacht.

Es war auf wundersame Weise friedlich am See, als sie aus ihren Zelten herausschauten. Ein schwatzhafter Wind hockte vor ihren Behausungen und wollte mit ihnen plaudern. Manchmal tat er geheimnisvoll, manchmal jedoch fauchte er unerwartet wie ein junges, wildes Kätzchen.

Noch waren keine neugierigen Touristen angekommen.
Der Gletscher lärmte nicht mehr ganz so dramatisch wie in der Nacht.
Am zeitigen Morgen wurde er vom Gekreisch der Möwen übertönt.
Es war ein wunderbares Gefühl, frei, abseits der Zivilisation und ungestört von Menschen vor dem Zelt zu sitzen.
Der Kaffee dampfte, der aufgesparte Proviant in Form von Käse und Knäckebrot lag verführerisch ausgebreitet vor den drei Radlern.

Auf der Brücke über den Gletscherfluss Jökulsa trafen sie den Slowenen wieder.
Er hatte sich von einem Radfahrer einen „geheimen Platz" für sein Zelt auf der
anderen Seite des Sees aufschwatzen lassen. Verraten hatte er ihn nicht.
Gut so!

2.12 Islandstürme

Sie fuhren in flotter Fahrt nach Westen.
Der Wind war hungrig geworden, mit geballter Kraft biss er in ihre Rücken, krallte
sich fest an Packtaschen, den fest verschnürten Zelten und Matten, holte kurz Atem
und sammelte Kraft für die nächste Böe.

Das Nahziel war die schmale Insel Ingólfshöfdi.
Noch ragte sie aus dem Meer heraus.. Der Weg zu ihr führte über ein flaches
Sandergebiet und durch seichte Gewässer. Hier hatte der erste Siedler Islands,
Ingólfur Arnarson, im Jahr 874 seinen Winterwohnsitz aufgeschlagen.
Dort wollten sie vor allem Islands bekannteste Vogelart, die Papageientaucher,
beobachten.

Sie mussten lange suchen, bis sie das Gehöft des Bauern Sigurdur Bjarnason
gefunden hatten. Eine kurze Rast durften sie dort nicht einlegen, vielmehr wurden

sie auf eine erbärmliche, reichlich zwei Kilometer lange Schotterstraße geschickt, an deren Ende ein Traktor mit riesigen Rädern und einem angehängten Heuwagen auf Touristen wartete. Sie befestigten ihre bepackten Räder an einem Tisch, denn der böige Wind hatte an Stärke noch zugenommen, und bestiegen zusammen mit einigen Isländern, die in ihren kurzen Hosen nicht zu frieren schienen, den mit einfachen Holzbänken versehenen Wagen.

Obwohl sie dem robusten Fahrzeug allerhand zutrauten, eine solch abenteuerliche Fahrt hatten sie nicht erwartet. Der Traktor kämpfte sich zunächst durch hüfthohes Wasser und dann in eine aus Sand, Asche und einigen Tümpeln bestehenden Landschaft, die sich offenbar endlos dahin zog.

Gesicht und Fotoapparate mussten sie gegen den zunehmenden Sturm schützen, der ein Gemisch aus Sand und Asche durch die Ebene trieb.

Bauer Bjarnason orientierte sich an den vielen kleinen gelben Stöcken, die seine Route markierten. Fast eine halbe Stunde dauerte die Fahrt.

Plötzlich ragte die etwa 80 m hohe Insel aus dem flachen Sander heraus.

Sie stiegen aus und stapften die Steilküste hinauf.

In einer kleinen Hütte erzählte der Bauer mit warmen Worten Einzelheiten über die Geschichte der Insel und den Umgang der Isländer mit der Vogelwelt.

Oben auf der Kuppe der Insel war die Sicht überraschend gut.

Erstaunlicherweise konnte man sich den Papageientauchern, den Lundis, bedenkenlos bis auf wenige Meter nähern.

Sie bewohnen die oberste Etage der Felsen.

Es existiert eine ausgeprägte Hierarchie der Brutplätze. In der Nähe des Wassers brüten die Dreizehenmöwen, darüber nisten Eissturmvögel.
Den großen Raubmöwen sollte man jedoch vorsichtshalber aus dem Weg gehen.
Es sind die Skuas, die von allen anderen Vögeln gefürchtet werden. Bereits am Jökulsárlón hatten sie diese nicht ungefährlichen Möwen misstrauisch beobachtet.

Der Sturm erreichte Orkanstärke, als sie mit ihren Rädern die Weiterfahrt antraten.
Mehrfach musste auf der Schotterpiste geschoben werden.
Doch vor allem auf der Ringstraße wurde der in heftigen Böen auftretende, schräg von hinten kommende Sturm zunehmend gefährlicher. Die jaulenden, brüllenden Islandwinde spielten ihre ganze überschüssige Macht aus.
Mitunter wurde Hans auf die andere Straßenseite getrieben, Autos mussten anhalten.
Und mit den beiden Frauen auf ihren bepackten Rädern hat der Sturm offenbar leichtes Spiel, er wehte sie mehrfach vom Rad.
Nur gut, dass sie einen Helm trugen.
Eine der Sturmböen fegte Elise aus dem Sattel, trieb sie über den Asphalt der Straße und jagte das bepackte Fahrrad hinterher.
Immer öfter mussten sie ihre Räder schieben, doch auch dann waren diese kaum zu halten.
Hans fuhr am Campingplatz Svinafell vorbei, um das eigentlich vorgesehene Ziel noch zu erreichen, doch die Frauen riefen ihn verzweifelt zurück.
Es war ein unerwartet glücklicher Umstand dass sie für ihre beiden Zelte einen leicht windgeschützten Platz hinter einer Böschung fanden.
Wieder mussten sie die Heringe mit Steinen beschweren. Die ganze Nacht flattern die Zeltplanen im Sturm
Von diesem Tage an wussten sie um die Bedeutung des Wortes „Islandstürme".

2.13 Im Sandergebiet der Skeidará

Sie hatten sich vor dem Würgegriff des Sturmes auf den Campingplatz Svinafell gerettet. Im Schatten der nahen Berge, im Hintergrund der Hvannadalshnúkur mit 2119 m Höhe, fanden sie Schutz vor den harten Nordostwinden.
Der Platz besaß ein kleines Bad, was sie allerdings nicht nutzen wollten, und einen größeren Aufenthaltsraum. Das Campinggelände war in Terrassen angelegt, so dass man ungestört ein Stück Wiese für die Zelte finden konnte.
Elise hatte am Vorabend noch über ihre Sturzverletzungen gesprochen. Beklagt hatte sie sich nicht. Am Morgen ging es ihr gottlob wieder besser.
Auch Maria war nicht völlig ohne Schrammen davon gekommen.

Stürze, man erwartet sie nicht, doch man muss immer mit ihnen rechnen, erinnerte sich Elise. Sie und vor allem auch Hans hatten solch schmerzhafte Erfahrungen machen müssen.

Die Zeit, in der Hans vor etwa einem Jahr von seiner Rennradtour zurück sein wollte, war seit mehr als vier Stunden vergangen.
Solange hatte er sie noch nie warten lassen.
Sie machte sich Sorgen.
Erst als Hans zu Hause ankam, stellte er fest, dass fast ein Viertel seines Helmes völlig zertrümmert war.
Blutergüsse, Hautabschürfungen, Rückenschmerzen, all das war zu ertragen, auch der Bruch des Steißbeines, den ein Arzt später feststellte. Doch ohne Helm hätte er den Sturz kaum überlebt.
Bei einer rasanten Bergabfahrt war ihm ein massiger Bauer ins Rad gelaufen. Hans überschlug sich und krachte mit dem Hinterkopf auf den Asphalt. Der Helm war seine Rettung. Vierzehn Tage später konnte er wieder auf sein Rad steigen.

Maria fuhr in eine nahe Tankstelle zum Einkaufen. Sie brachte Quarkspeise mit und vor allem Kuchen als Nachtisch, schließlich stammte sie aus einer Bäckerei.
Hans dagegen radelte die knapp acht Kilometer zum Nationalpark Skaftafell und inspizierte zunächst den riesigen Zeltplatz. Er schien nicht überfüllt zu sein. Dennoch beglückwünschte er sich heimlich, sie hatten in Svinafell wieder eine kleine Idylle gefunden.
Rund um das Informationszentrum herrschte ein Kommen und Gehen: Wanderer, Autotouristen, Reisegruppen, die ein Bus nach dem anderen auf dem großen Parkplatz auslud.
Und siehe da, Hans traf den Slowenen, ihren alten Bekannten, wieder. Auch er hatte am Vortag gegen den Sturm ankämpfen und das Rad über weite Strecken schieben müssen. Auf den Hinweis, dass es bei derartigem Wetter besonders gefährlich sei, ohne Kopfschutz zu fahren, meinte er, sein Helm wäre ihm auf dem Campingplatz am Mývatn abhanden gekommen.
Vielleicht ist die Kriminalitätsrate in Island doch nicht gleich Null.
Mit mehr oder weniger Erfolg gelang es Hans, einige für ihn allerdings kaum nützliche Informationen zu erhalten. Als er dann an der Rezeption höflich nach den Wetteraussichten für die nächsten Tage fragte, wurde er auf einen Aushang verwiesen, auf dem das Wetter des Vortages angegeben war.

Die beiden Frauen kamen spät.
Sie waren zum Fotografieren ins Gebirge gestiegen, hatten Heidelbeeren gegessen und Pilze mitgebracht.

Am Abend stiegen Hans und Elise noch einmal in die nahen Berghänge.
Dorthin hatte sich der Sturm inzwischen zurück gezogen.
Es war nun der alte Wind, weise und satt hockte er in den Felsspalten.
Es war, als holte er sich Kraft für den nächsten Tag.
Hans war misstrauisch und unruhig.
Es war wieder ein Abend, an dem er schlecht einschlafen konnte.

Am Skaftafell liegt mit 1600 Quadratkilometern der zweitgrößte Nationalpark Islands. Er besteht zum überwiegenden Teil aus Eis und zieht sich im Norden bis zu dem berüchtigten Vulkan Grimsvötn hin.
Der Mittelpunkt dieses Nationalparks ist die leicht erreichbare Hochebene der Skaftafellsheidi.
Dort wollten sie wandern.

Im Informationszentrum wurde für eine französische Touristengruppe ein Film über Vulkanausbrüche in Island gezeigt. Sie konnten sich diskret unter die Zuhörer mischen.
Eine der spektakulärsten Katastrophen war 1996 der Ausbruch des Grimsvötn, der unter dem Eispanzer des Vatnajökull liegt.
Über dem Vulkan hat sich ein See gebildet.
Durch die austretende Lava schmolz das Eis, der See vergrößerte sich dramatisch.
Als der Druck schließlich zu groß wurde, strömten riesige Wasser- und Geröllmassen innerhalb weniger Stunden bis zum Meer und zerstörten Straßen, Brücken und Häuser.
Auf ihrer Weiterfahrt sollten die drei Radabenteurer noch viele Überreste dieser gewaltigen Zerstörungen entdecken.

Sie wählten einen Weg, der zum Svartifoss mit seinen dunklen, ungewöhnlich regulären Basaltsäulen führte.
Dieser Wasserfall war offenbar ein beliebtes Wanderziel, sie trafen viele Touristen, darunter sogar Mütter mit Kleinkindern im „Rucksack".

Langsam stiegen sie in das einsame Tal der Morsa ab.
Noch einmal konnten sie unvergessliche Ausblicke auf die Berge des Skaftafellsjökull erleben.

Ein kaum erkennbarer Weg führte über eine schmale Brücke und dann neben dem Fluss durch ein graues, eintöniges Asche- und Geröllgebiet zurück zum großen Skaftafell-Campingplatz.

Die Zeit wurde knapp bis zum Rückflugtermin.
Sie mussten Abschied nehmen von der Südküste Islands.
Also planten sie für einen der kommenden Tage die Weiterfahrt mit dem Bus bis Reykjavik.

Abends war schönes Fotowetter.
Maria nutzte es so intensiv, dass Hans sich Sorgen machte, als es dunkel zu werden begann. Es war nicht ungefährlich, bei schlechter Sicht allein auf schmalen Pfaden in den Bergen unterwegs zu sein.
Hans und Elise beschlossen, eine Suchaktion zu starten.
Sie trafen Maria bereits in der Nähe des Campingplatzes.
Gut, dass sie alle drei wieder beisammen waren.

Die Nacht war klar.
Die Sterne zeigten sich kalt und streng.
Und dennoch wirken sie nicht abweisend, dachte Hans, der voller Ehrfurcht und Interesse den nächtlichen Himmel betrachtete.
Hans hatte es oft getan. Schon an vielen Orten konnte er das scheinbar unendliche Firmament auf sich einwirken lassen und die Winzigkeit unserer Erde, die Bedeutungslosigkeit der Menschen für die Geschehnisse im All empfinden.
Und er dachte an die Stunden, in denen er seinem damals noch sehr jungen Enkel Klemens vom Dachboden seines Hauses aus mit dem Fernrohr die Sternenwelt erschloss.

Am zeitigen Morgen ging Hans zum Duschen.
Noch lag eine wohltuende Ruhe über dem Zeltplatz.

Es war der letzte Tag, der letzte Morgen an Islands Südküste.

Vor dem Frühstück offenbarte ihnen Maria, dass sie in der vergangenen Nacht in ihrem Zelt Besuch bekommen hätte. Der Spielraum von Hans' Fantasie wurde etwas eingeschränkt, als sie verriet, es würde sich um ein Lebewesen handeln, das weniger an ihr selbst als vielmehr an ihren Vorräten in Form von Brotkrumen interessiert war.

Und dann zeigte sie ein Foto von einem winzigen Mäuslein, welches sie mit ihrer Digitalkamera aufgenommen hatte.

Auch der zugeschaltete Blitz hatte das Tierchen nicht sonderlich gestört.

Hans fuhr vorsorglich um die Mittagszeit zu einer Tankstelle, die nicht sehr weit vom Zeltplatz in Svinafell entfernt war.

Hier wollten sie den Bus nach Reykjavik erwarten. An der nächsten Haltestelle am Skaftafell würde der Andrang von Radfahren sicher groß sein.

Eine Wetteränderung deutete sich an, der Himmel zog sich allmählich zu.

Noch hielt sich der Regen zurück.

Doch über den Höhenzügen brauten sich schwere dunkle Wolken zusammen.

Weit mehr als eine Stunde vor Abfahrt des Busses nach Reykjavik hatten sich die drei Reisewilligen an der GAS-Station eingefunden.

Am Hang an der gegenüberliegenden Straßenseite wuchsen Heidelbeeren und Moosbeeren in Hülle und Fülle.

Der Busfahrer forderte sie nicht gerade besonders freundlich auf, die Räder für den Transport zu demontieren: „Both wheels".

Den Ausbau der Hinterräder wollten sie jedoch vermeiden.

Also kroch Elise als kleinste und wendigste Person in die Ladebox.

Es gelang ihr, die drei Räder auf einem möglichst engen Raum zu verstauen.

Es war erneut eine harte Probe für das Material, für die Speichen und Schaltungen, für die Bremsen und die Anbauten an den Lenkern.

Die Radfahrer am Skaftafell hatten allerdings weniger Glück.

Es dauerte eine geraume Zeit, bis sie ihre Räder so weit zerlegt hatten, dass der Fahrer sie noch im Gepäckraum verstauen konnte.

Und ob sie tatsächlich alle mitgenommen wurden, blieb ein Geheimnis.

Die Fahrt führte zunächst in das Sandergebiet der Skeidará.

Es ist mit über tausend Quadratkilometern die größte Sandwüste Islands, die mäanderförmig von Schmelzwasserflüssen durchzogen wird.

Im Hochsommer führen diese mitunter wenig Wasser, dann ist das riesige Schwemmlandgebiet sandsturmgefährdet und für den Verkehr gesperrt.

Zelten ist in dieser Region nicht möglich, Trinkwasserquellen sind äußerst knapp.

Erst 1974 hatte man die Straße Nr. 1 vom Skaftafell aus weiter nach Westen gebaut und damit den Straßenring um Island geschlossen.

Wenige Jahre später zerstörte die durch den Ausbruch des Vulkans Grimsvötn unter dem Vatnajökull hervorgerufene Schmelzwasserflut die Verkehrsverbindung vollständig.

Im Oktober des Jahres 1996 erwarteten die Meteorologen einen *Jökulhlaup,* einen Gletscherlauf.

Die Bevölkerung wurde evakuiert, die Ringstraße gesperrt.

Am Morgen des 5. November setzte die schwarze Flut aus Schmelzwasser und Eis ein. Über 45 000 Kubikmeter Wasser schossen pro Sekunde unter dem Gletscher hervor.

Die Ringstraße wurde verwüstet, die Skeiderábrücke vollständig zerstört.

Nach drei Tagen hatte sich fast der gesamte untereisige Grimsvötn-See entleert.

Es war eine der größten Katastrophen.

Die Isländer wohnen auf einer Insel, die einem Pulverfass gleicht.

Es war vernünftig, dass sie die Skeidarásandur mit dem Bus durchfuhren.

Sie fassten es nicht als Niederlage auf.

Es war Vorsicht, gepaart mit einer kleinen Dosis Angst.

Einen Islandsturm hätten sie in diesem trostlosen Sandergebiet mit ihren vollgepackten Rädern sicher kaum überstanden.

Die Straße führte durch das Lavagebiet Brunahraun.
Es entstand in den Jahren 1783 und 1784 durch den Ausbruch der aus über hundert Kratern bestehenden Spalte Lakagigar.
Es soll sich damals um die größte Lavamenge gehandelt haben, die jemals auf der Erde bei einem einzigen Ausbruch ausgetreten ist. In Island starben zehntausend Menschen, drei Viertel der Pferde und vier Fünftel aller Schafe an den Folgen des Ascheregens und der austretenden giftigen Gase.

Nun fuhren sie durch diese schier endlosen, teilweise bereits mit Moos bedeckten Lavafelder.

Nach mehr als fünf Stunden Fahrt kam der Bus in Reykjavik an.
Der Himmel hatte sich inzwischen entschlossen, seine Schleusen vollständig zu öffnen.
Wieder erlebten sie die Stadt bei strömenden Regen.
Und wieder war der große Zeltplatz überfüllt.

Ein kleiner ungestörter Fleck unter Bäumen war noch frei.
Aus dem Nebenzelt grüßte eine Familie aus Frankreich.
Die Franzosen waren bereits am Mývatn ihre Nachbarn gewesen.

2.14 Vom Stolz der Wikinger

Der Regen klatscht auf das Zeltdach, als hätte er schwere nasse Lappen in den Händen.
Die Sanitäranlagen waren auf dem durchnässten und überfüllten Campingplatz vollkommen unzureichend.
Einige waren zudem gesperrt.
Die ganze Nacht hatte es geregnet und es goss weiter aus vollen Kannen.
Junge Schotten in kurzen Röcken wateten durch die Pfützen.

Maria plante eine Stadtrundfahrt, die sie dann aber kurz entschlossen durch eine Busfahrt zu einer Halbinsel ganz im Westen Islands ersetzte.
Hans fuhr mit seiner Elise in das historische Zentrum Reykjaviks.
Sie wollten sich auf die Suche nach Spuren aus Islands Geschichte begeben.
Einerseits war es das Vernünftigste, was man bei dem regnerischen Wetter tun konnte, zum anderen wollten sie mehr erfahren über das Land, seine Geschichte und seine Kultur.

Es war ein Sonntag; Banken hatten geschlossen; ein Geldautomat war leer.
Eine freundlich lächelnde Isländerin half ihnen beim Eindringen in den Vorraum einer Sparkasse, wo ein prall gefüllter Apparat seine Dienste anbot.

Geld - viel benötigen wir nicht mehr, dachte Hans, viel haben wir auch nicht gebraucht auf unserer Reise. Doch noch einige isländische Kronen im Brustbeutel zu haben, verleiht eine gewisse Sicherheit.
Und je älter man wird, so überlegte er weiter, desto mehr erstrebt man sie, die mit etwas Geld gewonnene Unabhängigkeit.
Geld ist kein Lebewesen, das unbedingt wachsen muss.
Doch etwas davon sollte man schon haben, nicht zuviel und nicht zu wenig.
Denn je kürzer der Reiseweg durch das Lebens wird, desto weniger Reisegeld benötigt man.
Geld, das man nicht auszugeben bereit ist, wäre ohne Wert, sagen uns die jungen Leute.
Vielleicht haben sie recht.

Im Kulturhaus, gebaut im neoklassizistischen Stil von dem dänischen Architekten J. M. Nielsen, besuchten sie zunächst eine Ausstellung über das Leben und Wirken des isländischen Nobelpreisträgers Halldór Laxness.
Hans schätzte ihn sehr, sowohl sein bewegtes Leben als auch seine sozialkritischen Werke.

Die zweite Ausstellung zeigte das Auftauchen und die Entwicklung der Insel Surtsey vor der Südküste Islands. Auf älteren Karten ist die Insel nicht verzeichnet. Doch 1963 war sie durch unterirdische Eruptionen plötzlich aus den Fluten aufgestiegen. Das neue Land wurde nach dem Feuerriesen Sutur benannt, der in der Sage Edda vorkommt und von Süden heranstürmend die Welt in Brand steckt.
Isländische Wissenschaftler beobachten nun, wie sich ganz allmählich eine zarte Flora auf der Insel entwickelt und prognostizieren ihre Besiedlung durch Pflanzen und Tiere bis zum Jahr 2050.

Der Regen nahm an Stärke zu.
Sie fuhren zum Nationalmuseum.
Vor dem Gebäude betrachtete ein junger Isländer interessiert ihre Räder.
Er fragte die betagte Elise, ob sie Mitglied des isländischen Moutainbike-Clubs sei.
Sie verneinte etwas verwundert und berichtete zurückhaltend und bescheiden von ihrer Radreise. Der junge Mann kramte daraufhin ungeachtet des pausenlos niederprasselnden Regens lange Zeit in seiner Brieftasche und schenkte ihr schließlich einen Aufkleber mit der isländischen Fahne.
Er prangt noch immer auf dem hinteren Schutzblech ihres Rades.

Die Ausstellung über die Geschichte und Kultur Islands interessierte sie sehr. „Eine Nation entsteht" ist der treffender Titel.

Sie beginnt mit dem Schiff der ersten Siedler. Es sind direkte Nachfahren der Wikinger, die von Norwegen aus die Insel im Nordatlantik besiedelten.

Als König Harald Schönhaar im Jahre 870 in Norwegen die Alleinherrschaft an sich riss, verließen Großbauern, die sich der Zentralgewalt nicht unterwerfen wollten, ihre Heimat und brachen zunächst zu den Shetland-Inseln und Irland auf.

Harald Schönhaar eroberte diese Länder, er ließ viele Wikinger töten und vertrieb die wenigen Überlebenden in nördlichere Gefilde.

Im Jahr 874 leiteten Ingólfur Arnason und Leifur Hródmarsson die endgültige und dauerhafte Besiedlung Islands ein. Den ersten Aufenthaltsort von Arnason im Süden Islands hatten Hans und Elise kennen gelernt, es war Ingólfshöfdi, die Insel der Papageientaucher. Später zog er an eine „rauchende Bucht", in das Gebiet der heutigen Stadt Reykjavik.

Sehr zeitig erkannten die Isländer, dass ihr Zusammenleben auf der Insel durch Festlegungen geregelt werden müsse. Nachdem im Jahr 930 die Landnahme abgeschlossen war, fand nördlich des Sees Thingvallavatn die erste überregionale Volksversammlung, das Althing, statt, auf der isländisches Recht vorgetragen und beschlossen wurde. Sie wurde ein Symbol der Freiheit und der Unabhängigkeit von Norwegen.

Sie können stolz sein, die Isländer: Zu einer Zeit, als in nahezu allen europäischen Ländern finsterstes Mittelalter mit feudaler Machtfülle herrschte, besaßen sie bereits erste demokratische Strukturen.

Das heutige Parlament Islands sieht sich in direkter Folge jener ersten Volksversammlungen und heißt noch immer Althing.

Nach einer außerordentlich wechselvoller Geschichte und viele Jahrhunderte langer Fremdherrschaft wurde 1944 am historischen Ort in Thingvellir die Republik ausgerufen. Die Isländer hatten ihre Freiheit und Unabhängigkeit wieder erlangt.

Die dreihunderttausend Isländer betreiben mit Erfolg Ahnenforschung. Der Anteil der Ausländer auf der Insel ist außerordentlich gering. Es gab über Jahrhunderte hinweg nahezu keine Zuwanderung. Aus diesem Grund ist nahezu jeder Isländer mit jedem anderen verwandt.

Wie Elise und Hans erst später erfuhren, wurde das Isländische Nationalmuseum 2006 als eines der besten Museen Europas ausgezeichnet. Das Gebäude ist groß und modern. Sie besuchten mehrfach das Museumscafé und waren fast etwas enttäuscht, als bereits am Nachmittag die Pforten geschlossen und sie wieder hinaus in den Regen geschickt wurden.

Sie fuhren weiter zur Perlan, der „Perle".

Dieser Aussichtskomplex mit exklusiver Gastronomie wurde auf Heißwassertanks errichtet, von denen jeder einzelne vier Millionen Liter fasst. Sie werden aus Thermalquellen in drei Kilometern Tiefe gespeist.

Mit mehr als 100 Grad wird das Wasser aus Bohrlöchern gepumpt und in die Tanks geleitet. Reykjavik ist gut versorgt.

Hans und Elise schlenderten durch die Restaurants.

Doch diese waren wohl nicht für Tramps der Landstraße eingerichtet.

Sie sparten ihre Kronen und stiegen auf die Aussichtsplattform.

Sintflutartiger Regen verhinderte den berühmten Blick auf die Stadt.

Und es regnet weiter.

Erst am Abend trafen alle drei auf dem Zeltplatz ein.

Das Lokal für ihr Abendbrot war wieder Marias Zelt.

Die Frauen hatten eine große Kanne Tee gekocht.

Das war auch nötig.

Hans schlief schlecht.

Einmal musste er nachts das Zelt verlassen.

Bei strömendem Regen suchte er das abgelegene Sanitärgebäude auf, ohne Kopfbedeckung, im Schlafanzug und mit im Schlamm schleifenden Schnürsenkeln.

2.15 Am Leuchtturm von Gadur

Es regnete die ganze Nacht.

Erst gegen Morgen ließen die Schauer nach. Sie bauten die Zelte ab, packten, verabschiedeten sich von den Franzosen im Nachbarzelt und hetzten zum Bus-Terminal.

Den Flughafenbus erreichten sie in letzter Minute.

In Keflavik mussten sie ernüchternd feststellen, dass ein Übernachten im Flughafen nicht gestattet sei.

Sie fuhren zu dem ihnen bekannten Campingplatz, lösten die grünen Fahrradverpackungen ein und fassten einen kühnen Beschluss: Auch in der letzten Nacht in Island wollten sie zu dritt in einem Zelt schlafen. Diesmal gewährte Maria Asyl. Das Innenzelt wurde gar nicht erst eingehangen.

Plötzlich, wie das für Island typisch zu sein scheint, änderte sich das Wetter. Die restlichen dunklen Wolken wurden vom Wind vertrieben, die Sonne lockte zu einer letzten Ausfahrt auf Islands Straßen.

Sie wählten Gardun als nahes Ziel und verbrachten auf einer windgeschützten Bank am Leuchtturm die wenigen Stunden, die sie noch auf Islands Boden verweilen durften.

Es war ein bisschen Abschiedsstimmung dabei.

Es wurde wenig erzählt und viel geschwiegen.

Vielleicht waren dies die schönsten Momente.

Die Erinnerung an die Stunden in Island mischte sich mit der Vorfreude auf die Heimkehr.

Nach einem kleinen Umweg an der Küste erreichten sie am zeitigen Abend wieder den Zeltplatz. Nun, da sie spürten, dass die Reise sich ihrem Ende näherte, verliebten sie sich fast in die letzten Pedalumdrehungen.

Radfahrer plagten sich mit ihren riesigen Transportkartons ab.

Die letzten Vorbereitungen für den Start zum Flughafen begannen.

Noch einmal sollten Akkus aufgeladen werden.

Die „Kriegskasse" wurde aufgelöst, Kleidung für den Heimflug bereitgelegt.

Drei Stunden nach Mitternacht wollten sie den Zeltplatz verlassen.

Eine Uhr und eine Taschenlampe wurden in der Mitte des Zeltes platziert.

Als alle drei dann rechtzeitig munter wurden, war es noch dunkel.

Das Flughafengebäude hatte bereits geöffnet.

Tschüss Island.

Nun sehnten sich die beiden Alten nach Wäldern und Blumen, nach gemächlich dahinströmenden Flüssen, nach dem gepflegten Seumepark mit seinen hohen Bäumen, nach sanft säuselnden Winden, nach warmen Tagen und Nächten.

Sie hatten noch viel Zeit, Gelegenheit für eine erste und dann noch für eine zweite Tasse Kaffee, die man in Island gratis bekommt.

Der Duty-Free-Shop war wie so oft enttäuschend. An einem Lundi aus Stoff war keiner interessiert. Auch Pullover, versehen mit dem Lockruf „Pure Icelandic Wool", konnten sie nicht zum Kauf verleiten Sie hatten bereits genügend Pullover im Schrank. Also wurden die restlichen ISK wieder in die ihnen vertrauten EURO verwandelt.

Endlich hob die Maschine ab, zog steil nach oben und gewährte noch einen letzten Blick auf die Insel, die sie nun für immer verlassen würden.
Noch einmal konnten sie ihre Blicke auf die von Fjorden zersägte Küste, auf das menschenleere, unbewohnte Hochland Islands, auf die Eiskappen der großen Gletschergebiete richten.
Es waren letzte Eindrücke, Abschiedsbilder.

In Berlin-Schönefeld hatten sie viel Zeit. Sie setzten sich am Flughafengebäude auf eine Bank, blinzelten in die wärmende Sonne und ließen Beine und Seele baumeln.

Und wieder sahen sie Radler, die für ihren Flug riesige Pappkartons oder unförmige Behälter schleppen mussten, ein Anlass, erneut über die Vermarktung der „grünen Tüten" zu philosophieren.

Maria entdeckte mit aufmerksamen Blick ein Plakat: „Wieder auf dem Boden der Tatsachen". Stimmt genau, doch die zu erwartenden Tatsachen machten sie nicht unglücklich.
Jeder von ihnen spürte, es wurde Zeit, den Zähler ihres Lebensrhythmus wieder auf Normalnull zu stellen.

In Leisnig wartete zuverlässig Marias Schwester.
In Grimma dunkelte es bereits.

Als Hans das Gartentor aufschloss, kam eine Katze angerannt.
Sie gehörte ihnen nicht, wohl aber gehörten sie der Katze.

2.16 Wieder daheim

Wenn wir alle drei gesund und ohne größere Radpannen nach Hause zurück gelangen, dann wollen wir ein kleines Heimkehrfest feiern.
So lautete ein Beschluss.

Darüber hatten sie schon einige Tage vor ihrem Rückflug philosophiert und locker begonnen, über die Gestaltung einer kleinen Feier zu diskutieren.
Es sollte Dinge zu essen geben, mit denen sie in den vier Wochen in Island auskommen mussten:
Nudeln, Käse und Knäckebrot.
Natürlich sollten für verwöhnte Gaumen – und über den würden fast alle Gäste verfügen – noch weitere Delikatessen bereit gestellt werden.
Eine schlichte Ausstellung von Ausrüstungsgegenständen hatten sie geplant.
Und an ihr Zelt wollte Elise einen Zettel hängen: Zu vergeben – Enkel bevorzugt.

Es kam fast alles so, wie sie es sich vorgestellt hatten.
Sie waren gesund und munter in der Heimat gelandet und freuten sich auf das Wiedersehen mit vielen Freunden und Bekannten.
Nur den Zettel hatten sie dann doch nicht an das Zelt gehangen. Nicht etwa, weil keine interessierten Enkel anwesend waren, sondern weil Hans sich doch nicht ganz sicher war, ob die Islandreise bereits die allerletzte Fahrt mit Rad und Zelt und Schlafsack gewesen sein sollte.

Maria, die Weltenbummlerin, hatte einige Monate nach der gemeinsamen Reise zu einer Dia-Schau „Island hautnah - eine Radreise nicht für jedermann" in den Saal des Rathauses eingeladen.
Hans relativierte das Thema etwas, indem er in seinen Eröffnungsworten meinte:
„Island per Rad - das kann jeder. Man muss sich nur die kleine Frage beantworten, ob man es auch will".
Der Saal war brechend voll, es mussten zusätzliche Stühle aufgestellt werden.
Und das war gut für diese Benefizveranstaltung.
Der Erlös des Abends, es waren mehr als achthundert Euro, ging an ein Tierheim des Tierschutzvereins Muldental.
Das Geld kam Tieren zugute, die es in ihrem Leben bisher nicht sonderlich gut hatten.

Sie waren wieder in ihrer Heimat.
Und die Heimat verlässt man nicht ohne Not, vor allem nicht auf Dauer.
Das hatten sie zu keiner Zeit gewollt.

Sie wurden willkommen geheißen in ihrem vertrauten Haus, ihr Blick übersprang den Gartenzaun und glitt in den Seume-Park.

Seume - es gab sensible geistige Verbindungen zu jenem bewundernswürdigen kleinen Mann, der wenige hundert Meter von ihrem Garten entfernt vor mehr als zweihundert Jahren zu seinen großen Wanderungen aufgebrochen war.

Er wollte reisen, sich fortbewegen aus eigener Kraft, wollte ferne Länder und fremde Kulturen kennenlernen, soziale Strukturen erkunden.

Doch er war allein unterwegs, war einsam auf seinen abenteuerlichen Wegen, oft ohne Freund und ohne Frau. Er besaß nicht das Glück, eine Heimat zu haben, einen Ort, an dem eine Familie auf ihn wartete.

Was trieb ihn fort? War es eine Flucht vor sich selbst?

Ich müsste Seumes Tagebücher noch einmal lesen, dachte Hans.

Wenige Wochen nach ihrer Rückkehr spielte Hans bereits heimlich mit dem Gedanken an eine nächste Reise.

Elise träumte von südlicheren, von wärmeren Gefilden.

Sie liebte Karten mit großem Maßstab.

Darauf scheinen die Ziele nicht sonderlich weit zu sein.

Und in der warmen Stube konnte sie Pläne schmieden und von imaginären Reisen träumen.

Und lächelnd berichtete sie dann von all ihren Erlebnissen, die Hans staunend zur Kenntnis nahm.

Doch noch planten sie nicht.

Dafür war die Zeit noch nicht reif.

Aber träumen, träumen durfte man doch wohl.

Schöne Tagträume sind erlaubt.

Auch sie bereiten Freude.

Vielleicht genügt das schon.

Sie wollten es abwarten.

3. Zypern - die Insel der Götter

3.1 Nach Süden, nach Süden

Die Reise zu den Lofoten wäre ein guter Abschluss ihrer Radreisen gewesen.
Die beeindruckende Radtour durch Island könnte eine hervorragende Krönung all
ihrer Unternehmungen sein.
Doch die allerletzte Reise sollte nun noch einmal nach Süden gehen.
„Nach Zypern, auf die Insel der Götter", meinte Elise.
„Nach Zypern, auf die geteilte Insel", ergänzte Hans.
Zypern - es war Elises Wunsch.

Vorfreuden kamen zunächst nicht auf, eher Bedenken und vorsichtige Zweifel. Viele kleine Unwägbarkeiten wurden bedacht, im Grunde waren sie fast alle lächerlich.

Künden solche Bedenken bereits vom munter fortschreitendem Alter?

Kann schon sein. Genau weiß man es nicht.

Vielleicht war es auch der geliebte heimatliche Garten, der sie zaudern ließ. Es blühten ja gerade die Azaleen in bislang nie da gewesener Pracht, die stolzen Tulpen präsentierten ihre Blüten in den verschiedensten Farben, der Flieder am Gartenzaun schickte seinen betörende Duft über die Wiese. Ob das südliche Zypern eine solche Farbenpracht noch zu steigern vermag?

Was sie vorher nicht ahnten:

Sie würden durch diese Erkundungs- und Entdeckungsfahrt nur erste Eindrücke von dieser Insel gewinnen. Einige der im Reiseführer angekündigten Campingplätze hatten sich im Nichts aufgelöst. Das Zelten in freier Natur wie in Island oder auch in Norwegen war weder möglich noch erlaubt.

Nach festen Unterwegsunterkünften hatten sie nicht gesucht.

Somit bewegten sie sich vorwiegend im Südteil der Insel mit mehreren Abstechern in das Troodos-Gebirge. Dafür konnten sie die vielfältigen Möglichkeiten nutzen, historische und prähistorische Stätten zu besuchen.

Eigentlich wollten sie vom „Schmuddelwinter" in den Frühling reisen.

Doch sie verließen Ende April das grüne, blühende Tal der Mulde bei angenehm milden Temperaturen. Zypern dagegen erwartete sie mit einem heißen Sommer, mit abgeernteten Feldern, verbrannten Wiesen und vertrockneten Sträuchern.

3.2 Ankunft in Larnaka

Nach einer recht unruhigen Nacht riefen sie vor ihrer Abreise vorsorglich noch einmal ihren Sohn und Elises achtundneunzigjährige Mutter an.

Sie wollten gerade die Haustür abschließen, als Maria, die zuverlässige Gefährtin auf ihrer Radtour durch Island, telefonisch erlebnisreiche Wochen wünschte.

Auf der Fahrt zum Bahnhof winkte ihnen der Gärtner Peter einen Abschiedsgruß zu. Am Bahnsteig hoffte Ramona, eine künftige Norwegenradlerin, auf ein gutes Gelingen des Abenteuers der beiden Alten.

Bei soviel guten Wünschen müsste doch die geplante Zypernreise erfolgreich zu bewältigen sein.

Viel zu zeitig kamen sie am Flughafen in Leipzig an. Doch damit hatten sie hinreichend Muße, ihre Räder sorgfältig in den bewährten „grünen Tüten" zu verstauen – es wurde allmählich ein Akt der Routine.

Die Maschine aus Larnaka landete in Leipzig mit leichter Verspätung.

Das Flugwetter war ideal.

Hinter ihnen in der Maschine saß ein eifriger Mitarbeiter des Denkmalschutzes, der unentwegt kommentierte, was er alles sieht, und dokumentierte, was er alles weiß.

Es störte sie nur wenig.

Es war bereits stockdunkel, als sie in Larnaka landeten.

Das Auspacken und Beladen der Räder war in der stickigen, schwülen Halle ein schweißtreibendes Unterfangen. Unvorsichtigerweise hatten sie zuviel Luft von den Rädern abgelassen.

Ständig landeten Maschinen.

Die Atmosphäre in der Abfertigungshalle nahm chaotische Züge an.

Etwa hundert Zyprioten standen mit Zetteln in der Hand an den Eingängen, erwarteten ihre Gäste oder warben für Hotels und Pensionen.

Die erste Nacht auf Zypern sollte in einem einfachen Hotel verbracht werden.

So hatten sie es vorgesehen.

Eine Beratung am Informationsstand über den Standort dieser Unterkunft, etwa vier Kilometer vom Flughafen entfernt, war hervorragend. Eigentlich hätten sie das Hotel leicht finden müssen. Dennoch verloren Elise und Hans im Gewirr der vierspurigen Straßenführung mit ungewohntem Linksverkehr nach kurzer Zeit die Orientierung. Zyprioten in ihren schnellen Autos schienen es zudem mit den Verkehrsregeln nicht übermäßig genau zu nehmen.

Sie jagten durch die Nacht, als wären sie auf der Flucht.

In den dunklen Straßen Larrnakas verfuhren sich die beiden Radfahrer mehrfach.

Völlig überraschend forderte ein hilfsbereiter Taxifahrer sie freundlich auf, seinem Fahrzeug per Rad zu folgen. Auf diese erstaunliche Weise erreichten sie nach kurzer Fahrt durch winklige Gassen das gesuchte Hotel.

Die gewählte Unterkunft fand sofort ihre Sympathie, die Räder wurden sicher in einem Schuppen eingeschlossen, die „grünen Tüten" zur Aufbewahrung angenommen, ihre Mastercard hatte man bedenkenlos akzeptiert. Offenbar hatten sie eine gute Wahl getroffen.

Schnell noch ein Bier und eine Flasche Wasser sowie eine Dusche - alles ausgesprochen kalt.

Der Ankunftstag konnte kaum erfolgreicher verlaufen.

Während des Frühstücks schüttelten Hotelgäste ungläubig und verständnislos den Kopf und drückten ihre Verwunderung über das geplante, aber völlig unübliche Vorhaben der beiden Alten aus, Zypern mit Rad und Zelt zu bereisen.

An der Strandpromenade erstanden sie zwei „Telecards".
Elise zeigte auf ein öffentliches Kartentelefon und forderte Hans auf, die in der Heimat Gebliebenen über ihre geglückte Ankunft auf der Insel der Götter zu informieren.
Just in diesem Moment entstieg ein braungebrannter Mann, einem griechischen Gott gleichend, den Fluten.
Spontan sprach er sie an.
Der zypriotische Arzt, der in Leipzig einige Semester Medizin studiert hatte, war Ohrenzeuge ihrer wenigen Worte geworden.

Was dann geschah, kam völlig unerwartet, war erstaunlich und beeindruckend zugleich. Der Grieche lud Hans und Elise - als wäre es eine Selbstverständlichkeit - in sein Appartement ein, bot ihnen Kaffee und Gebäck an und stellte mit seinem Handy eine Verbindung nach Leipzig her.

Vor wenigen Minuten waren sie sich noch völlig fremd, plötzlich sind sie willkommene Gäste geworden, ohne dass der Gastgeber genau wusste, wer sie sind, woher sie kamen und wohin sie wollten.

Und als sie sich nach einer reichlichen halber Stunde verabschiedeten, bot der Grieche ihnen den Schlüssel für seine Wohnung an.

Sie könnten das Appartement kostenlos nutzen. Da er noch in dieser Nacht zu einem Diabetikerkongress nach Deutschland fliegen würde, stünde es ohnehin leer.

Sie waren überrascht und gerührt.

Wer macht so etwas schon?

Für Fremde? Für Unbekannte? Für Ausländer?

Es war nicht naive Gutgläubigkeit, es war ein Vorschuss an Vertrauen, ein wahrhaft großzügiges Angebot.

Seine Sicherheit gewann er allein durch einen Blick auf die offensichtlich ehrlichen Gesichter seiner Gäste.

Dennoch mussten Hans und Elise ablehnen, ihr Zelt hätte geweint. Sie haben jedoch lange nachgedacht über dieses Erlebnis bereits am zweiten Tag ihrer Reise.

Noch ahnten sie nicht, dass sie den großzügigen Mann am Ende ihres Aufenthaltes in Zypern noch einmal treffen würden.

3.3 Allein mit vielen Hunden

Auf der Fahrt zum Campingplatz Governor's Beach kam der Wind heftig von vorn. Nach wenigen Kilometern Fahrt wies ein Schild auf die Moschee Hala Sultan Tekke hin. Sie liegt in einem Palmenhain unmittelbar an einem berühmten Salzsee, zählt zu den wichtigsten heiligen Stätten des Islam und ist ein bedeutender Wallfahrtsort.

Hans und Elise waren völlig allein und ließen sich von dem orientalischen Flair einfangen. Zurückhaltend betraten sie die Moschee und erlebten den Ort als eine Oase der Ruhe und der Besinnung.

Es wird erzählt, dass hier die Pflegemutter Um Haram des Propheten Mohamed begraben läge.

Sie entdeckten dann auch die aus gewaltigen Steinen bestehende vermeintliche Grabstelle etwas abseits an einem schattigen Platz.

Und dann fuhren sie wieder. Die staubigen Straßen längs der Küste erfüllten ihre hochgesteckten Erwartungen an traumhaft schöne zypriotische Landschaften in keiner Weise. Ganz besonders schockierte das mit grauen Abfall gefüllte Industriegebiet Zigy.

Massenhaft abgeworfener Müll türmte sich an den Straßenrändern. Ortschaften wurden durch Reklameschilder verschandelt.

Ständig sich förmlich aufdrängende Hinweise „FOR SALE" auf Grundstücken, an halbfertigen oder scheinbar vollendeten Gebäuden machten unmissverständlich deutlich: Die Immobilienkrise ist mit voller Wucht in Zypern angekommen.

Der Zeltplatz Governor´s Beach Camping, reichlich sechzig Kilometer westlich von Larnaka gelegen, erwartete sie verlassen, ungepflegt und schmutzig. Lediglich durch die Nähe der Steilküste mit verführerischem Sandstrand gewann er eine gewisse Attraktivität.
Die Rezeption wirkte verwahrlost. Sie war zudem geschlossen.
In der Nähe eines Sanitärgebäudes, dessen scharfer Geruch einem den Atem verschlug, bauten sie ihr Zelt auf. Der Boden war hart, das Gras vertrocknet, nahe Gehölze zeigten sich von Staub überzogen, kaum eine Spur von einem erfrischenden Grün oder gar von der erhofften Blütenpracht des Südens.

Nicht allzu weit vom Campingplatz entfernt befand sich ein exklusives Restaurant.
Es war leer.
Auf welche Gäste wartete man eigentlich?
Waren noch zu wenig Touristen auf der Insel?

Sie leisteten sich einen schmackhaften, von der südländischer Küche geprägten Salat und radelten zurück zu ihrem Zelt, das etwas unglücklich in der trostlosen Umgebung hockte.

Es wurde zeitig hell in Zypern.
Sie gingen zum Beach.
Die beiden waren allein am Sandstrand mit der hellen Wärme reflektierenden Felsenwand. Elise schätzte die Wassertemperatur auf zwanzig Grad.
Für viele Zyprioten war das Wasser offenbar zu kalt, sie besuchen einen Strand nur bei Hochsommerhitze.
Hans und Elise empfanden es jedoch als ideale Bedingungen zum Schwimmen und Sonnen.

Zwei Stunden später brachen die beiden in Richtung Limassol auf.
Kleine Cafes findet man häufig in der Nähe einer Tankstelle. Elise forderte ein zweites Frühstück.
Ein Grieche wollte ihr riesige Salatköpfe und eine Literflasche Olivenöl verkaufen.
Das Öl wäre gut für die Haut. An diesem Tag war seine Verkaufschance allerdings gleich Null. Also zuckte er nur mit den Achseln und verschob seinen Handel mit Elise auf einen späteren Zeitpunkt.

Bereits mehr als zehn Kilometer vor Limassol zogen sich schier endlos Ketten von Hotels, Bars, Verkaufsstellen, Banken und Autovermietungen an der Straße hin.
Eine bedrückende Vielfalt sich aufdringlich anbietender Unternehmen.
Es herrschte reger Verkehr. Allerdings waren sie die einzigen Radfahrer.
Als Exoten hätte man sie eigentlich achten und beachten müssen.
Doch Zypern ist keine Insel für Radfahrer.
Wie sie reisten, das passte nicht zu diesem Land.
Mit Packtaschen beladene Fahrräder hatten die beiden während ihrer gesamten Reise nicht ein einziges mal gesehen, die eigenen ausgenommen.
Zypern ist offenbar, der Eindruck entstand bereits während des Hinfluges, ein Objekt der Begierde für ältere Leute, die im Strandkorb sitzen und sich hin und wieder von einem Bus zu antiken Stätten karren lassen wollen, ein Eldorado für Sonnenanbeter und Besucher von Nachtlokalen.
Dies waren ihre ganz persönlichen Eindrücke und Erfahrungen, möglicherweise hatten sie mit ihrer etwas eigenwilligen Meinung wieder einmal unrecht.

In Limassol herrschte hektisches Treiben. Handel und Gewerbe bestimmen das Leben in der Stadt.
Jeder wollte irgendetwas verkaufen.
Vor allem die Inhaber von Souvenirläden angelten nach neugierigen Touristen.

156

Der alte Ort besitzt eine von orientalischem Flair geprägte Altstadt mit einem beeindruckendem Kastell und der wenige Meter entfernten großen Moschee.
Hans und Elise wagten jedoch nicht, ihre Räder am Straßenrand abzustellen und diese heilige Stätte in ihrer unangemessenen Kleidung zu betreten.

Auf der Rückfahrt hatten sie genügend Zeit, die Ruinen von Amathous zu besichtigen. Das Gelände war frei zugänglich. Sie deponierten ihre Räder auf einer Wiese und schlenderten durch die Ruinen der 3000 Jahre alten einstmals wohlhabenden Stadt. Im 4. Jahrhundert wurden Teile durch ein Erdbeben zerstört.
Vor etwa eintausend Jahren wurde die Besiedlung vollständig aufgegeben.
Als Hans und Elise den Ruinenkomplex verließen, wurden sie plötzlich schroff angesprochen.
Ihr Obolus für die Besichtigung wäre noch nicht entrichtet worden.
Sie entschuldigten sich, zahlten und schämten sich ein bisschen.
Viel mehr konnten sie kaum tun.

Der riesige Zeltplatz war noch immer nahezu menschenleer.
Herrenlose Hunde lungerten umher.
Sogar ein dreibeiniger Pinscher streunte um ihr Zelt.
„NO DOGS ALLOWED" stand zwar in großen Buchstaben am Eingangstor, doch die Köter waren ganz offensichtlich des Englischen nicht mächtig.
Hunderte unbelegter Bungalows schauten die beiden einsamen Radler mit traurigen Augen an.
Elise und Hans krochen in ihr Zelt.
Auch die maroden Schaukeln und Rutschen auf dem nahe gelegenen Spielplatz konnten sie nicht davon abhalten.

3.4 Im Troodosgebirge

Abends wurde es urplötzlich dunkel – es ist, als wenn jemand plötzlich das Licht ausschaltet.
Hans schlief schlecht, wachte nachts auf und verirrte sich auf dem Zeltplatz.
Elise erhörte sein flehendliches Rufen. Das schwache Licht ihrer Taschenlampe wies ihm den Weg zurück ins Zelt.
Das Frühstück bestand aus Ziegenkäse und Brot.

Der Weg führte sie über Asgata nach Kellaki ins Troodosgebirge.
Harte Anstiege hatten sie zu bewältigen.

In den Tälern war die Getreideernte nahezu abgeschlossen, keinerlei Frühlingsgrün war zu entdecken. Doch auch im Gebirge dominierten trockene, braune Sträucher, gespenstig drohten die schwarzen verbrannten Gerippe der wenigen Bäume. Zwischen Pinien erstreckten sich graubraune Geröllfelder.

Es wurde einsamer.

Auf eine Höhe von etwa 750 m über Normalnull beendeten sie die Kletterei.

Für die Abfahrt wählten sie zunächst „the old road", einen mit Löchern übersäten Weg, erkannten jedoch noch rechtzeitig ihren Irrtum.

Doch auch die neue, gut asphaltierte Straße war gefährlich: Starkes Gefälle, viele Serpentinen, pausenlos donnerten Lastwagen aus den nahegelegenen Kupferminen an ihnen vorbei..

Das Restaurant Kalimnos war wegen Mangel an Gästen bereits geschlossen.

Ein junger Kellner empfahl ihnen eine anderes Lokal.

Es lag etwas abseits.

Als sie es gefunden hatten, stellten sie erstaunt fest, dass sie die einzigen Gäste waren.

Der massige, glatzköpfige Wirt drängte sie wortlos in eine verwahrloste Küche.

Zwei große blutige Fische wurden auf eine Waage geworfen.

Vierzig EURO sollten sie dafür zahlen. Doch sie entschieden sich für zwei kleinere Exemplare, die missmutig und nicht sonderlich sorgfältig serviert wurden.

Als Hans „the bill, please" forderte, meinte der Wirt unwillig, die genannte Summe von vierzig EURO wäre einschließlich der Getränke ein angemessener Preis.

Eine Quittung erhielten sie nicht. Widerspruch wäre zwecklos gewesen.

Sie waren müde geworden. Am Abend beschlossen sie, ihre Pläne zu ändern und die fast zweitausend Meter hohen Gipfel des Troodosgebirges nicht anzusteuern.

Vielleicht würde ihnen in den nächsten Tagen eine Übersiedlung nach dem reichlich hundert Kilometer entferntem Tourist Beach bei Pafos, dem Tummelplatz der Götter, gelingen. Falls der Wind mitspielt.

3.5 Choriokoitia und Kourion

Sie planten eine Fahrt nach Choriokoitia, einer über 8000 Jahre alten Siedlung.

Der Westwind blies ruppig.

Drei jüngere Leute mit Rennrädern an der Hand schlenderten nur mäßig interessiert durch die Anlage. Einer von ihnen war ein Scout, der auf Zypern von einem Hotel aus Radtouren organisieren sollte. Viel Arbeit hatte er nicht.

Er meinte, irgendwann in den nächsten Tagen würde der Wind drehen.

Dies wäre wichtig für eine geplante Fahrt nach Pafos.

Die Ansiedlung ist eine der ältesten auf der Insel.

Erst 1934 wurde sie wieder entdeckt.

Es war einst ein dicht besiedelter Ort. Darauf deuten viele Gräber hin, die unter den Räumen der Häuser gefunden wurden.

Es fiel den beiden nicht leicht, sich die Ausdehnung der Siedlung vorzustellen.

Rundhäuser waren aus Steinen und Lehmziegeln errichtet worden.

An einer anderen Stelle hatten sich nur noch Reste von Pfeilern erhalten.

Zurück auf dem Zeltplatz, der einige weitere Besucher angelockt hatte.

Zwei Ehepaare hatten in ihrer Nähe gezeltet; Österreicher, die mit einem Mietwagen unterwegs waren, und ein slowakisches Ehepaar, das ihre Räder in der Nähe ihres Zeltes an einen Pfahl gelehnt hatten.

Es waren die einzigen Radwanderer, denen sie auf ihrer Reise begegneten.

Der etwa vierzigjährige große, drahtige Mann erzählte ihnen sogleich voller Begeisterung, dass sie in drei Wochen die Insel einschließlich des türkischen Teiles mit dem Rad umrundet hätten.

Im Troodosgebirge sei es sehr kalt.

Und der Zeltplatz wäre noch nicht geöffnet gewesen.

Sie brachen sehr zeitig auf, noch wehte kein Wind.

Der Gemüsehändler erwartete sie am bereits geöffneten Cafe.

Auf der Weiterfahrt nach Limassol rannte plötzlich ein überaus magerer Fuchs über die Straße.

Kourion war beeindruckend.

Die Ruinenstadt liegt malerisch auf Klippen oberhalb des türkisfarbenen Meeres.

Kühne Gleitschirmflieger nutzten den Auftrieb.

Mehrere Stunden verbrachten die beiden in dem weitläufigen Gelände mit Amphitheater, Ruinen von öffentlichen Bädern, den Säulen der frühchristlichen Basilika, dem Haus des Eustolios mit seinen hervorragend erhaltenen Mosaiken.

Sie hatten viel Zeit und eigentlich doch zu wenig, um die vielfältigen historischen Hintergründe aufnehmen zu können.

„Wir wissen zu wenig", seufzte Elise.

„Wir wissen fast nichts", korrigierte Hans.

Er war ärgerlich über sich selbst.

Du bist betrogen worden, dachte er, als er sich an seine Schulzeit erinnerte.

Was hatte man ihm denn vermittelt an Bildung in den sechs Jahren des Krieges?

Die jungen, begabten Pädagogen schickte man in die Schützengräben.

Als er kurz vor Beginn des Krieges in die Volksschule aufgenommen wurde, trat ein junger, dynamischer Lehrer vor die Klasse. Wenige Wochen später verabschiedete er sich von seinen Schülern in der Uniform eines Leutnants der Luftwaffe.

Hans erinnerte sich dunkel an den kümmerlichen Rest übrig gebliebener Lehrkräfte, an alte, desillusionierte Männer, scheinbar unabkömmliche Nazis, einige wenige überforderte Frauen.

Der Schulweg wurde durch Sirenengeheul unterbrochen.

Unterrichtsstunden fielen immer häufiger aus.

Seine Oberschulklassen evakuierte man aus der durch Luftangriffe bedrohten Großstadt in weniger gefährdete Gebiete im Vogtland..

Und als der Krieg zu Ende war? Es wurden neue, nur notdürftig ausgebildete Menschen als Lehrer eingestellt, manche mit viel gutem Willen, andere völlig ohne Motivation. Ein ehemaliger Drogist für den Chemieunterricht war darunter, ein Häusermakler versuchte Mathematik zu lehren, ein ängstlicher Greis mühte sich im Geschichtsunterricht. Man lernte bei ihm nichts über die griechische Mythologie, nichts über die antike Kultur, ihre Architektur und Wissenschaft, ihre Geschichte und ihre Staatsformen. Auch von den Philosophen jener Zeit erfuhren sie nichts, auch nichts über Zenon, der in Larnaka geboren wurde.

Und was noch schwerer wiegt: Keiner der Lehrer machte auch nur den geringsten Versuch, sie für sein Fach zu interessieren und sie in Methoden des geistigen Arbeitens einzuführen.

Doch konnte man diesen Lehrkräften Vorwürfe machen?
Jedenfalls nicht allen. Es gab weder Lehrbücher noch durchdachte Lehrpläne.
Der Bildungsnotstand der ersten Nachkriegsjahre war nicht nur den zerstörten Unterrichtsräumen sondern auch der politischen Entscheidung geschuldet, dass im Nationalsozialismus aktive Lehrer in der damaligen Ostzone nicht sofort wieder eingestellt werden durften.
Es ging ums Überleben bei Schülern und auch bei Lehrern.
Es waren die ersten Jahre der Nachkriegszeit.

Zehn Jahre später hatten sich die Verhältnisse verändert, waren die Mängel der Nachkriegszeit in den Schulen zumindest gemildert, war Bildung solider geworden.
Du bist mindestens ein Jahrzehnt zu früh geboren worden, sagte Hans sich erneut.

Wieder waren sie die einzigen Radfahrer auf den Straßen, als sie mit stürmischem Rückenwind über Limassol zurück zum Zeltplatz fuhren.

Knapp neunzig Kilometer hatten sie zurück gelegt.
Der Tag meinte es gut, sie fuhren mit Flügeln.

3.6 Pano Lefkara - Kunst aus venezianischer Zeit

Elise wünschte sich eine Fahrt in jenen Ort, in dem edle Stickereien, geklöppelte Spitzen und berühmter Silberschmuck angeboten werden.

Nach steilen Anstiegen erreichten sie das wunderschön gelegene Pano Lefkara mit seinen verwinkelten Gassen und Geschäften mit verführerischen Angeboten.

Elise interessierte sich für Decken mit interessanten Stickereien – doch dreihundert EURO waren ihr dann doch zuviel.
Da nützten auch die Überredungskünste der resoluten Verkäuferinnen wenig.

Heimfahrt bei leichtem Regen, vorbei am Nonnenkloster Agios Minas, in dem ein berühmter Honig produziert und verkauft wurde.

Es war Wochenende, eine Zeit, in der nicht wenige Zyprioten Campingplätze für etwas fragwürdige Gelage aufsuchen.
Das Gelände in Governor's Beach war noch unsauberer geworden, Urin auf dem Boden des Männerwaschraums, Müll an allen Ecken, eklige Fischreste in und neben einem Abfallbehälter. Katzen machen sich darüber her.
Weitere Hunde von Neuankömmlingen bevölkerten den Zeltplatz.
Ein dreieinhalbbeiniger Köter war offenbar herrenlos.
Die Müllberge rings um die Sanitärgebäude wurden immer bedrückender.
Insbesondere Zyprioten, die über das Wochenende am Governor's Beach ihre Zelte aufbauten, hinterließen ein Chaos an Brettern, kaputten Stühlen, Flaschen, Dosen, Reste eines Lagerfeuers. Schließlich legten sie noch die Elektrik im Sanitärgebäude lahm.
Nichts ging mehr.
Selbst der Zeltplatzwart, der sich allerdings nur alle drei Tage sehen ließ, schüttelte verzweifelt sein Haupt.

Die ganze Nacht stürmte der Nordostwind.
Sie hätten ihn vor zwei Tagen benötigt, um nach Pafos zu fahren. Doch nun war die Entscheidung für einen Zeltplatz im Osten von Larnaka gefallen.

Nicht weit vom Governor´s Beach entfernt liegt Moni Agiou Georgiou Alamanou, Mönche und Nonnen bewirtschaften gemeinsam das Kloster.
Offenbar haben letztere das Zepter in der Hand. Eine Nonne fuhr, sich nochmals rasch bekreuzigend, mit einem riesigen Pickup schwungvoll durch das Klostertor. Eine Besichtigung des Klosters war nicht möglich.

Und wieder kamen sie an ihrem nun schon vertrauten Cafe gegenüber der Tankstelle vorbei.
Der Wind wurde immer heftiger.
Sie entschieden sich noch einmal für eine Fahrt in die Berge.
Die Anstiege waren steil und der Wind kam in Sturmstärke von vorn.
Die Fahrradketten ächzten.
Kurz nach Asgata – bereits auf der Heimfahrt – begegneten ihnen eine von einem Schweden geführte Gruppe von Mountainbikern. Während Hans sich mit dem noch jungen Nordländer über ihre und seine Reiseabenteuer unterhielt, betrachtete Elise besorgt und voller Mitleid seine schweißüberströmten männlichen Weggefährten.

Etwa zehn Kilometer vom Campingplatz entfernt befand sich eine kleine Ladenstraße. Ein Händler versuchte, sich längere Zeit mit ihnen zu unterhalten.
Er verabschiedete sich schließlich resignierend mit „auf Wiedersehen". Eine Verkäuferin sagte beim Abkassieren „danke"; sie beherrscht genau drei Worte der deutschen Sprache.
Viel mehr konnte Elise auf griechisch allerdings auch nicht sagen.

Sie beschlossen: Morgen fahren wir nach Osten, egal aus welcher Richtung der Wind weht.

3.7 Verschwundene Zeltplätze

Nachts tobte ein Sturm.
Er zerrte an den Zeltleinen und blähte das Zelt auf.
Sie standen frühzeitig auf und packten.
Der Wind hatte auf Nordwest gedreht, es ging in flotter Fahrt Richtung Larnaka.
Und wieder waren sie entsetzt über den Müll an den Straßen.
Zwei große tote Hunde streckten am Straßenrad ihre steifen Beine in den Himmel.
Ein Stück weiter sonnte sich eine Levanteotter.

Man trifft sie nicht selten in Zypern, vor allem an Berghängen und auf Geröllflächen, aber auch in Weinbergen und Gemüsegärten. Über anderthalb Meter lang kann die Otter werden.

Ihr Biss ist sehr giftig und endet auch für Menschen meist tödlich. Sie wussten es. Auch dies war für sie ein Grund, freies Zelten in unberührter Natur zu vermeiden.

Wieder wurden Häuser, Grundstücke, Baugelände, Appartements schreiend zum Verkauf angeboten.

Doch ihr Interesse war gleich Null.

Die Radtour durch die engen Straßen von Larnaka wurde beschwerlich: Unvorstellbar starker Autoverkehr, viele Einbahnstraßen, enge Gassen.

Die Stadt müsste man zu Fuß erkunden.

Der Wind war böig und bösartig, Landkarten, Pläne, Zeitungen und Plastiktüten flatterten durch die Luft.

Sie fuhren zurück zum Hotel Larco und buchten dort zunächst für eine Nacht.

Das Zimmer enthielt viel mehr Gegenstände als sie benötigten, bot jedoch auch einen interessanten Blick auf den Swimmingpool.

Zwei dralle Russinnen tummelten sich darin.

Es wurde rasch dunkel.

Der Zeltplatz am Dekeleia Beach östlich von Larnaka war verschwunden, keine Rezeption, keine Duschanlagen, keine Hütten, nichts deutete auf einen Campingplatz hin.

Eine schier endlose Reihe von rostigen Liegestühlen und zusammengeklappten Sonnenschirmen dösten vor sich hin und erwarteten die künftigen Touristen.

Alles war tot, bis auf den Wind.

In ihrem Reiseführer war der Campingplatz noch ausgewiesen worden.

Vielleicht lag er zu nahe an der militärischen Sicherheitszone und wurde deshalb geschlossen.

Vielleicht war er eine Konkurrenz für die Hoteleinrichtungen der Stadt Larnaka.

Vielleicht wollte man den Strandabschnitt vorteilhafter vermarkten.

Ein weiterer Campingplatz sollte am äußersten Ende der Südostküste liegen.

Möglicherweise existierte auch er nicht mehr.

Die Straße führte zunächst weiter in Richtung Agia Napa durch ein Sperrgebiet des britischen Militärs. Es machte einen relativ gepflegten Eindruck. Die Gebäude waren durchweg solid, alle in gelblichem Farbton gehalten, fast alle vom gleichen Typ.

Auf den meisten Häusern der Zyprioten befanden sich oben neben den dominierenden Wassertanks aufstrebende Moniereisen. Es soll später aufgestockt werden, wenn die Töchter erwachsen sind, eine Familie gründen und das Haus vergrößert werden muss.

Es war eine vorausschauende Investition in die Zukunft.

Rast an der Strandpromenade von Larnaka.

Ein kleiner Junge pinkelt in den Sand - gegen den Wind.

Er muss es noch lernen.

Auf einem etwas beschwerlichen Weg gerieten sie zum nahe gelegenen Salzsee.

Die berühmten Flamingos waren in dieser Zeit nicht mehr zu sehen.

In einem Minimarkt holte Elise einen „Daily mirror" vom vorgestrigen Tag.

Man sollte doch an aktuellen Nachrichten interessiert sein nach vielen Tagen der Medienabstinenz.

Doch sie wurden enttäuscht. Die Berichterstattung hätte auch aus einer Zeitung des vergangenen Jahres stammen können.

3.8   Eine Mauer trennt Nikosia

Ein „green bus" brachte sie für 4,50 EURO pro Person nach Nikosia.

Auf der Autobahn benötigte er weniger als vierzig Minuten.

Hans kaufte einen viel zu großen Stadtplan. Dann begannen sie ihren Bummel durch die hinter den Festungsmauern gelegene Innenstadt.

Es war nicht weit bis zum einzigen Übergang in den türkischen Teil der Stadt.

Polizisten kontrollierten die Grenzanlagen, Barrieren aus Sandsäcken waren aufgetürmt, Häuser mit Gefechtsspuren verschandelten die Demarkationslinie.

Wieder eine Mauer quer durch eine Stadt.
Solche Sperranlagen gab und gibt es viele auf dieser Erde.
Und es werden weitere errichtet.
Manchmal bezweckte man, Menschen an einer Ausreise zu hindern, weil man sie braucht. Manchmal errichtete man Mauern, um Menschen, die man nicht benötigt, an einer Einreise zu hindern.
Ob in Berlin oder Nikosia, ob an der amerikanischen Grenze zu Mexiko oder in der spanischen Enklave Mellila in Nordafrika oder in Israel, überall findet man meterhohe Mauern und Zäune aus Stacheldraht zwischen Staaten.
Regierungen errichten sie aus unterschiedlichen Gründen.
Den einen, die ihre Heimat verlassen wollen und ihr vermeintliches Glück in der Fremde suchen, verwehrt man das Fortgehen. Den anderen, die aus Not in ein Land kommen wollen, hindert man am Eindringen. Und immer glauben jene, die Mauern errichten, an ihr Recht.
Hans und Elise wussten um die Existenz einer Mauer in der geteilten Hauptstadt ihres Heimatlandes.
Sie hatten sie nie akzeptiert. Aber sie wollten sie auch zu keiner Zeit überwinden, um ihre Heimat zu verlassen.
Warum auch?
Sie liebten zwar nicht den Staat, in dem sie lebten, wohl aber ihre Heimat.
Das ist etwas ganz anderes.
Eine Heimat verlässt man nicht ohne Not. Materielle Einschränkungen waren sie gewohnt. Es fiel ihnen nicht übermäßig schwer, Mängel in Kauf zu nehmen.
Mit Ungerechtigkeiten musste man sich abfinden. Sie traten nicht nur in ihrem Land auf. Eine ihre Existenz bedrohende Not spürten sie nicht.
Es waren zu viele Bindungen, die sie an ihre Heimat ketteten, ihre Familie, ihre Arbeit, ihre Freunde und Kollegen, ihre vertraute Umgebung, ihre kulturellen Wurzeln und schließlich die allerdings immer mehr schwindende Hoffnung, dass verkrustete Strukturen überwunden und ursprüngliche Ideale realisiert würden.
Mussten sie sich dafür entschuldigen, dass sie ihre Heimat nicht verlassen hatten?
Bei wem eigentlich?
Hans' Vater hatte vor vielen Jahren, als es noch keine Mauer, wohl aber eine Grenze gab, Heimat und Familie verlassen. Es veranlassten ihn sicher vielfältige Gründe zu jenem Schritt, Motive, die Hans nie vollständig erforschen konnte, auch nicht später in ihrem intensiven Briefwechsel, der offensichtlich einer Zensur unterlag.

Vielleicht waren es die zerrütteten Familienverhältnisse, möglicherweise auch finanzielle Probleme, dazu Enttäuschungen über die politische Entwicklung in seinem Lande.

Hans erinnerte sich auch nicht daran, dass sich diese Flucht angedeutet hätte in dem Jahr, in welchem er seine Schulzeit mit dem Abitur beendete und seine Mutter zusammen mit ihrem jüngeren Sohn die Wohnung der Familie verließ.

Vielleicht war er als junger Bursche zu sehr mit sich selbst beschäftigt.

Sicher hatte sein Vater damals aus politischen Gründen versucht, seine Absicht, das Land zu verlassen, niemand spüren zu lassen, auch seinem Sohn nicht.

Es war in der Nachweihnachtszeit - plötzlich war er nicht mehr da.

In späteren Jahren hatte Hans die Flucht seines Vaters sehr bedauert.

Er hätte ihn nicht selten gebraucht als klugen, gebildeten, einfühlsamen und verständnisvollen Ratgeber.

Sie starrten auf die scharf bewachte Grenze und studierten die Modalitäten, die beim Übergang in den türkischen Teil der Stadt zu erfüllen wären.

Doch dann beschlossen sie, auf griechischem Terrain zu bleiben.

Die Zeit war ohnehin knapp.

Die geteilte Stadt war das Resultat einer langen wechselvollen historischen Entwicklung, die im 16. Jahrhundert begann als Türken die Insel besiedelten.

Dreihundert Jahre später wurde Zypern britische Kolonie. Griechische Zyprioten drängten auf den Anschluss an Griechenland. Es traten Konflikte mit der Minderheit der türkischen Zyprioten auf.

Als Zypern 1960 unabhängig wurde, zogen sich die türkischen Einwohner in Enklaven zurück, Streitigkeiten traten immer häufiger auf.

Im Jahr 1964 mussten UN-Friedenstruppen stationiert werden, sie sollten das Zusammenleben der beiden Volksgruppen überwachen. Knapp fünfzehn Jahre später kam es zur türkischen Invasion.

Sie führte schließlich zu der bis zur Gegenwart andauernden Spaltung der Insel in einen türkisch besetzten Nordteil und in ein griechisches Südzypern.

Die Konflikte dauern an. Zyperns Geschichte war und ist auch eine Geschichte von Kämpfen um die Macht - wie überall.

Elise bewunderte die vielen kleinen Schneider-, Stoff- und Schuhläden in den Gassen Nikosias. Doch kaufen wollte sie nichts.

Eine vermeintliche kleine Moschee entpuppte sich als türkische Badeanstalt.

Sie war an diesem Tag nur für Männer geöffnet.

Im CYPRUS MUSEUM, dem archäologischen Nationalmuseum, sind die schönsten und wertvollsten Sammlungen von Schätzen altertumswissenschaftlicher Forschungen des östlichen Mittelmeerraumes zusammengetragen worden.

Es existiert in der Welt wohl kaum noch ein anderes kleines Land, das sich auf einer so tief in die Vergangenheit reichenden Geschichte mit ihrer von vielfältigen Einflüssen geprägten Kultur gründet.

Wenigstens einen Teil des kulturellen Erbes Zyperns, repräsentiert durch Keramik in Form vielfältig dekorierter Vasen und Schalen, Terrakotta-Figuren, Schmuck, Münzen, Bronzestücke und Silberteller, Statuen und Skulpturen, wollten sie kennen lernen.

Sie entdeckten dann auch eine überwältigende Vielfalt prähistorischer und historischer Exponate aus der Zeit von 8000 v. Chr. bis 400 n. Chr. in den sieben Ausstellungsräumen des Museums.

Den beiden Besuchern drängt sich in wenigen Stunden die gesamte kulturelle Entwicklung Zyperns von der Jungsteinzeit bis in die frühbyzantinische Epoche auf.

Doch man konnte nichts mitnehmen als ein paar singuläre Eindrücke von den Relikten der Jahrtausende alten Geschichte Zyperns.

Auch sie würden in den Jahren rasch verblassen.

Doch das ist das Schicksal bei zeitlich begrenzten Museumsbesuchen.

Ein Fotoverbot entdecke Hans glücklicherweise relativ spät.

168

Es wurde noch ein harmonischer Abend in Larnaka.

Wirte lockten, die Restaurants für Touristen waren nahezu leer, kleine verräucherte zypriotische Eckkneipen dagegen brechend gefüllt mit Einheimischen, die Karten spielten oder ohne Aussicht auf eine baldige Lösung die verfahrene politische Lage diskutierten.

Offene Autos fuhren laut hupend durch die Stadt.

Benzin war billig.

Im Hotel entkorkten sie eine Flasche Savignon.

3.9 Klöster und Kirchen

Ihr Tagesprogramm begann mit der Fahrt auf einer Schnellstraße an einem stolzen Aquädukt vorbei. Die in Bögen errichtete Wasserleitung wurde vor mehr als zweihundertfünfzig Jahren von den Türken erbaut. Sie ermöglicht, Larnaka aus einem zehn Kilometer entfernten Fluss mit Wasser zu versorgen.

Von Kalo Chorio aus gelangten sie an eine Kirche, vor der sich ein fragwürdiges großes Werbeplakat voller religiöser Motive aufdrängte.

Interessanter und solider erschien ihnen ein unscheinbares aus Bruchsteinen erbautes Kloster auf einem kleinen Hügel.

Schließlich erreichten sie den Abzweig, der zu dem auf über sechshundert Meter Höhe thronenden Kloster Moni Stavrovouniou führt.

Es wurde im vierten Jahrhundert auf Anweisung der heiligen Helena gebaut. Etwa tausend Jahre später zerstörten die Araber einen Teil des Klosters. Weitere einhundertfünfzig Jahre später zündeten Türken die restlichen Bauwerke an.

Auf den alten Fundamenten wurden später neue Klostergebäude errichtet.

Nach einer Stärkung mit den letzten Energieriegeln fuhren die beiden zunächst die Serpentinen hinauf bis zu einem Aussichtspunkt.

Elise wollte sich hier ausruhen.

Hans erklomm die restliche Steigung bis zum Kloster.

Ihn erwartete ein ungemein prächtiger Ausblick bis nach Larnaka und auf die Hänge des nahen Troodos-Gebirges.

Außer Hans war nur noch ein Ehepaar mit dem Auto vor das Kloster gefahren.
Es war verschlossen.
Ein Mönch ignorierte sie alle.
Frauen wäre der Zutritt ohnehin verboten gewesen.

Kofinou, ein Ort, in welchem sich touristische Radgruppen einquartiert haben
sollten, enttäuschte sie maßlos. Er wirkte wie ausgestorben. Von Radfahrern war
keine Spur zu entdecken.
Vor einem Minimarkt tranken sie auf wackligen Stühlen ein Glas Milch und aßen
Blätterteiggebäck. Unmittelbar daneben spielte die junge Verkäuferin mit ihrem
Freund Fußball. Eigentlich sollte sie den Ball verkaufen.

Weiter nach Alaminos – ein Schäfer grüßte, ein Grieche rief „hallo Germania", ein
anderer rief „Guten Morgen", obwohl es bereits später Nachmittag war.
Sie fuhren über Mazatos nach Kiti.
Ein großer eitler Goldkäfer spazierte selbstbewusst über die Straße.
Elise half ihm vorsichtig aus der Gefahrenzone.
Für eine Erholung am Strand war es dann doch zu spät geworden. Es lagen bereits
über hundert Kilometer hinter ihnen. Und im Hotel Larco lockte die Dusche..
Den Abend beschlossen sie in einem Restaurant am Meer.
Es wurde Schwertfisch serviert.

3.10 In der Taverne

Am nächsten Tag führte ihr Weg über Kiti zum Strand nach Perivolia.
Sie lagerten sich auf prächtig anzusehenden Steinen und gingen bis an die Knie ins Wasser. Zum Schwimmen war das Meer an diesem Strand zu flach.
Weiter ging ihre Fahrt über noch unbekannte Straßen nach Norden durch eine Landschaft, die an eine Staubwüste erinnert.
Riesige Lastkraftwagen bemühten sich, einen Teil des produzierten Mülls auf eine Deponie zu bringen.
Den beträchtlichen Rest verteilten die Winde in der Landschaft.
Was macht die Menschheit nur mit ihrer herrlichen Natur?
Sind die Menschen nicht selbst ein Teil von ihr?
Doch sie spielen sich auf als Beherrscher einer Umwelt als wüssten sie nicht, dass sie für deren Erhalt verantwortlich sind.

Weder in Alaminos noch in Mazatos war ein Cafe offen.
Weiterfahrt zurück nach Kiti.
Am Wegesrand ein Wald aus Palmen.
Immer wieder grüßte das Kloster vom Berg.
Elise hatte irgendwo ihr rotes Täschchen liegen lassen.
Dafür entdeckte sie zwei Esel auf einer nahen Wiese.
Abendessen wieder am Strandhotel.
Es gab Lamm – phantastisch, viel zu viel, dennoch preiswert.

Letzter Tag vor dem Heimflug.
Elise wollte nochmals an den Strand.
Und tatsächlich fand sie ihre rote Tasche an der Badestelle vom Vortag.
Es war wunderbar einsam. Nur ab uns zu schlenderte ein Muschelsammler vorbei.
Das Wasser war flach und warm.
Abschiedsgedanken nisteten sich ein, als sie zurück nach Larnaka fuhren.
Und wieder schockierten unzählige Gebäude, die zum Kauf angeboten wurden.

An der Küstenstraße lud eine bereits vertraute Taverne zum Abendessen ein. Elise wollte nach Tagen der Enthaltsamkeit noch einmal eine zypriotische Spezialität genießen. Sie musste Hans nicht lange überreden.

Während ihres Abendmahls dachten sie erneut über den zypriotischen Verkehr nach. Sie machen hier vieles falsch, urteilte Elise. Alle fahren links – damit geht es schon los.
Keiner hat Zeit, kaum einer blinkt, junge Leute fahren lautstark durch die Straßen.

Sie waren gerade beim letzten Gang ihres Menüs angelangt, als der Kellner zwei Brandy Sour, gemischt mit Zitronensaft, servierte und auf ihren erstaunten Blick reagierend mit dem Kopf in Richtung eines etwas abseits stehenden Tisches deutete.
Und in diesem Augenblick winkte er ihnen zu, der Arzt, den sie am ersten Tag ihrer Zypernreise kennen gelernt hatten.

Etwas zurückhaltend fragte er, ob er sich an ihren Tisch setzen dürfe.
Das gemeinsame Interesse an einem zwanglosen Gedankenaustausch war groß. Und wenige Minuten nachdem der Arzt Platz genommen hatte stellte sie sich wieder ein, die warme Atmosphäre des Vertrauens, herzlich und heiter, ehrlich und auf angenehme Weise zurückhaltend.

Ob er sie um ihre Auffassung bitten dürfe, fragte er bescheiden, nicht aus schnöder Neugier, sondern weil er vieles nicht so recht verstünde, was heute das Verhältnis der beiden deutschen Staaten zueinander beträfe.

Er hätte zwar vor mehr als zwanzig Jahren einige Semester Medizin in Leipzig studiert, wäre jedoch damals relativ abgeschottet gewesen.

Die fachliche Ausbildung hatte damals im Vordergrund gestanden, sporadische Gespräche mit Kommilitonen hätten ihm nicht das Bild jenes Staates vermittelt, den es nun nicht mehr gäbe.

Hans überlegte.

Sollte er seinem Gesprächspartner jene allgemeinen Informationen übermitteln, die von den meisten Medien gezielt verbreitet wurden?

Dazu brauchte es dieses Gedankenaustausches nicht.

Vermutlich würde er auch sein Gegenüber enttäuschen.

Und so versuchte Hans, ihm eigene Gedanken darzulegen, aus seinen Erinnerungen zu schöpfen. Und Irrtümer wären dabei nicht auszuschließen.

Es wird nicht leicht sein, dachte er weiter, eigentlich liegen die Wurzeln der historischen Entwicklung mehr als siebzig Jahre zurück.

Ich müsste vom Faschismus berichten, auch von den Jahren der Nachkriegszeit, vom kalten Krieg, der bereits in der letzten Phase des heißen Krieges begann, in dem die ursprünglich im Krieg gegen Hitler Verbündeten aus ideologischen und machtpolitischen Gründen Gegner wurden.

Doch dazu wird die Zeit wohl nicht reichen.

Vielleicht gibt es Parallelen, Gemeinsamkeiten, dachte Hans, auf die man sich konzentrieren sollte.

Sie kamen sich in jeder Minute näher, die beiden Männer, die beide ihre Erfahrungen mit einer gespaltenen Heimat hatten.

Man muss mit dem „Feind" reden, solange dies möglich ist.

Darin waren sich beide einig.

Und es wäre immer gut, wenn es keinen Sieger gäbe.

Sieger sind selten berechenbar.

Mit den Besiegten verhandeln sie meist nicht mehr.

Hans hatte dies gespürt als seine Landsleute in die „Freiheit" entlassen wurden.

Verstehen, statt zu verurteilen, hätte er sich gewünscht.

Doch sie hatten zu lange mit den Rücken zueinander gelebt, die Menschen in den beiden Systemen. Nur die im Osten hatten hin und wieder einen schüchternen Blick über die Schulter gewagt, manchmal aus Neugier, zuweilen mit Neid.

Doch nun müssten die „Vereinten" nach mehr als zwanzig Jahren bemüht sein, dass Missverständnisse ausgeräumt und keine neue Zwietracht gesät wird.

Das wird nicht leicht sein.

Noch sind nicht alle Gräber zugeschüttet.

Und die Gesetzmäßigkeiten der ungebändigten Marktwirtschaft wirkten und wirken gnadenlos auch in den neuen Bundesländern.

Ob sie etwas falsch gemacht hätten mit ihrer sozialistischen Gesellschaftsordnung, wollte der Arzt noch wissen.
Behutsam suchte Hans nach einer Antwort.
Die Führung der alles beherrschenden Partei hatte nach dem Krieg hehre Ideale in Aussicht gestellt, erstrebenswerte Ziele von einer klassenlosen Gesellschaft, sozialer Gerechtigkeit und Arbeit für alle, von einer Welt ohne Krieg.
Doch die Partei hat die Menschen, darunter auch viele ihrer Mitglieder, nicht mitgenommen, sich vom Volk gelöst, hat sich selbst an die Macht geklammert, keinerlei Widerspruch geduldet, sich keiner freien Wahl gestellt, gegenüber Andersdenkenden das Recht gebeugt.
Und viele Methoden zur Umsetzung jener Ziele waren ungeeignet, nicht wenige menschenunwürdig, manche auch falsch.
Irgendwann wollten die Menschen nicht ihr gesamtes Dasein für eine nebulöse utopische Zukunft opfern. Eine gezielte Einflussnahme aus dem anderen Teil Deutschlands förderte diesen Prozess.
So entstand schließlich eine unüberbrückbare Kluft zwischen den Versprechungen der Herrschenden und den schwindenden Hoffnungen der Beherrschten.
Das historisches Experiment musste scheitern, es war fehlgeschlagen.
Seine Geschichte wird nun von den Siegern dem Reißwolf übergeben.
Erkannt haben es viele erst spät, vielleicht zu spät.

Es war fast Mitternacht, als sie sich voneinander verabschiedeten.
Sie waren Freunde geworden;
Freunde für einen Tag.

3.11 Die letzte Reise?

Heimfahrttag, es ist gut so.
Die meisten Entscheidungen waren wohl richtig gewesen.
Während der letzten Tage im Hotel hatten sie den schmuddeligen Campingplatz vergessen.
Es herrschte hier eine freundliche Atmosphäre, der Kellner war bescheiden und zurückhaltend, die Mitarbeiter gaben sich hilfsbereit und die „schwarze Aphrodite" an der Rezeption bot einen sehr wohltuenden Anblick.
Ein letzter Gruß in Richtung Zypern: It's time to say goodbye.

Es war ihres Sohnes fünfzigster Geburtstag.
Sie wollten zu ihm.
Am Telefon klang seine Stimme nicht besonders gut. Vielleicht, weil es ein für ihn besonderer Tag war, über den er grübelnd nachdachte, ein „Wendetag"?
Der Sohn wird fünfzig Jahre alt und die betagten Eltern bepacken ihre Räder und treiben sich in der Welt herum.
Eigentlich hat das nichts miteinander zu tun.

Was blieb von ihrer Reise nach Zypern?

Die Erinnerung an einen großzügigen, interessanten, intelligenten, einfühlsamen Menschen.

Die Bilder von Kulturstätten, die von Zeiten berichteten, in denen große Teile Mitteleuropas noch von Urwälder überwuchert waren.

Auf dem Airport trafen sie bekannte Gesichter vom Hinflug.
Eine ältere Dame bewunderte zum wiederholten Male ihre Campingabenteuer.
Doch was heißt schon „älter"?

Dann saßen sie wieder in der Boeing. Auch die mit ihren Rädern gefüllten „grünen Tüten" waren in deren Bauch verstaut worden.
Die Insel verschwand im Wolkendunst.
Das Bordpersonal bot „Die Bunte" und andere farbige Zeitschriften an.
Ihr Inhalt erinnerte sie an den Müll, den sie auf Zypern kennen gelernt hatten.

Am frühen Abend erreichten sie bei Regen Haus und Garten.
Flüchtiges Auspacken, Duschen, mit dem Auto Elises Mutter aus ihrem Dorf holen, Fahrt ins Birkenwäldchen zu ihrem bereits wartenden Sohn.
Es wurde ein schöner Abend in kleinem Kreis.
Die größere Feier sollte fünf Tage später stattfinden.

Sie waren gesund und beschwingt zurück gekommen.
Sie waren von Pannen verschont geblieben.
Sie mussten dankbar sein.
Wie würde es weitergehen mit ihren Radreisen?
Sie wollten sich Zeit lassen.

Und doch waren sie bereits im nächsten Jahr wieder mehrere Wochen mit Rad und Zelt unterwegs zu ihrer Partnerstadt Weingarten in der Nähe des Bodensees und weiter bis nach Frankreich. Sie besuchten gute Freunde, mit denen sie vor Jahren in Italien viele hundert Radkilometer bewältigt hatten.

Fünf Jahre später, sie waren nun zusammen über einhundertsechzig Jahre alt, wurden auch die heimatlichen Gefilde für Radreisen interessant, das Elbtal, die Wege an Unstrut, Saale und Ilm, die liebliche Landschaft an der Altmühl, der Strand der Ostsee.
Sie war in den letzten Jahren größer geworden, ihre engere Heimat.

Eine Kreuzfahrt hatten sie allerdings noch immer nicht unternommen.
Dafür waren sie noch immer ungeeignet, vielleicht nun doch schon zu alt.

Wohin das Schicksal sie künftig treiben würde, das wussten sie nicht.
Interessen verschoben sich, weg von Zelt und Schlafsack und Tausenden von Radkilometern, hin zu Literatur und Wissenschaft, zu Theateraufführungen und Konzerten, zu Malerei und Musik, zum Pflanzen und Wachsen und Ernten und Welken im eignen Garten.
Und das war sicher gut so.

Erinnerungen verblassen.
Fast alles ist in Vergessenheit geraten.
Sie ist der riesige grauenvolle Gegenpol zur Erinnerung.
Nicht die Jahre, die man gelebt hat, sind schließlich das Leben gewesen, sondern es sind die Stunden, an die man sich erinnert, um davon berichten zu können.